JN085049

「なりわい」革新

事業×組織文化の変革で
経営の旗印をつくる

望月真理子・中町直太・朝岡崇史

宣伝会議

「なりわい」革新

事業×組織文化の変革で経営の旗印をつくる

望月真理子・中町直太・朝岡崇史

4 「なりわい」再定義に向けたプログラム 『Power Session®』 130

「なりわい」革新 事業×組織文化の変革で経営の旗印をつくる

企業の寿命と「なりわい」革新

　「なりわい」（生業）は日本語としては古くからある言葉であるが、経営やマーケティングの世界で使われるキーワードとしては新参の存在である。

　発案者である私たちの定義では、「なりわい」とは企業が近未来の「ありたい姿」＝「ビジョン」を実現した時に提供したいと考えている体験的な価値をお客さまにもわかりやすい言葉で表現したもの、である。

　生きとし生けるものと同様、企業にも寿命がある、という捉え方がある。「企業寿命30年説」が話題になったのは、日本でバブル経済が始まる前夜の1983年に『日経ビジネス』が掲載した記事が発端と言われている。また毎年、東京商工リサーチが発表している倒産した企業の「主要産業別平均寿命」によれば、2020年に倒産した企業の平均寿命は23.3年と「企業寿命30年説」を大きく下回っているだけではなく、2年連続で前年よりも短くなってきている。驚くことに全倒産件数のうち、業歴が30年以上の「老舗企業」の構成比は3分の1近い32.5％を占めるという。ちなみに産業別では最も寿命が長いのが製造業の33.4年、逆に最も短いのが情報通信産業の14.9年である。

　なぜ企業の寿命はかくも短いのか？　東京商工リサーチの分析によれば、老舗企業は経営者の高齢化に加え、事業承継や後継者の育成に課題を抱えた企業が多い。対照的に新興企業は創業支援を追い風にしながら財務基盤が脆弱で事業計画が甘い起業も見られ、コロナ禍の変化に対応できず倒産に追い込まれるケースが多いとされる。確かに表面的には正しい見方かもしれないが、これだけでは企業の寿命の短命化が年々進んでいることや成熟企業が倒産する企業の3分の1を占めることの根本的な理由を説明できない。

　そこで私たちは企業の「なりわい」に注目した。本書の第1章で分析しているように、デジタルトランスフォーメーション（DX）の急速な進展で企業を取り巻くマクロ・ミクロの環境が著しく変化し、企業の「なりわい」と時代の求めるニーズとの「ズレ」が急速に拡大しつつあることが企業の寿命の短命化の要因として大きいと考えるに至った。

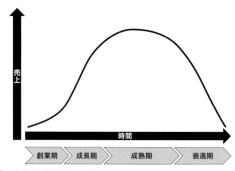

図1 企業の成長サイクル

［図1］で示したように、企業にも人間同様「成長サイクル」があることが知られている。時間の経過とともに、企業は創業期→成長期→成熟期→衰退期という4つのプロセスを経る。実は「なりわい」の「ズレ」は、慢性疾患のような形で、企業の成長や成熟とともに少しずつ進行していくと考えられる。問題は企業にとって事業の成長が一段落し、売上・利益ともに最も安定する成熟期だ。「売上増は七難を隠す」（『勝間式「利益の方程式」』勝間和代著 東洋経済新報社 2008年）という言葉が如実に示すように、企業が最大利益を享受している成熟期においては「なりわい」の「ズレ」はなかなか顕在化しない。成長期の成功体験が強ければその傾向はなおさらである。時の経営者によって「ズレ」が見過ごされたり、故意に先送りされたりするケースが多いのではないだろうか。しかし、まずいと気づいた時は手遅れだ。業績不振から赤字決算が続き、優秀な人材の確保もままならない……。

私たちは成熟期を迎えている（あるいは迎えようとしている）多くの日本企業が自らの「なりわい」の「ズレ」を敏感に察知し新たなイノベーションを生み出せるよう何をすべきか、探究心を深めていった。そして「なりわい」革新に果敢にチャレンジして成果を上げている日本企業を9社選出して分析を進めるとともに、SOMPOホールディングス、au/KDDI、ヤッホーブルーイングの3社については「なりわい」革新のキーパーソンに直接アプローチし、綿密なインタビュー取材を行った。これら研究や取材活動から得た発見や気づきを整理していくと、企業の「なりわい」革新のパターンは4通りに分類できること、そして、確固たる企業理念に基づきインターナル（従業員）の改革をうまく進めている企業が「なりわい」革新の成功に近づくことができると

いう事実を明らかにすることができた。特に後者は重要な研究成果であり、「なりわい」の再定義に課題を抱えている多くの日本企業に対して、貴重な示唆とその具体的なソリューションを同時に提供できると信じている。

また、日本の成熟企業の「なりわい」について研究を進め、特に組織文化の刷新活動について深掘りしていくにあたり、イノベーション理論や組織論などの経営理論の知識のみならず、私たちがコンサルタントとして対クライアントビジネスの最前線で長年実践してきたインターナルブランディング、広報PR、さらにはブランド戦略やカスタマーエクスペリエンス戦略（CX）のノウハウやメソッドが企業の「なりわい」革新に極めて有効な処方箋になりうることに改めて気づかされた。このことは本書が上記それぞれの分野の専門家3名（望月真理子、中町直太、朝岡崇史）がタッグを組んだ共著として書き上げられたことと極めて密接な関係がある。私たちが「なりわい」という概念に最初に気づいたのは10年以上前になるが、コロナ禍のニューノーマルが定着するとともにデジタルトランスフォーメーション（DX）が急速に進展するこのタイミングで「なりわい」革新に対する研究が急速に深まったのは、お互いの死角を補完し合う異分野の「知のコラボレーション」の賜物である。

本書の構成について

本書の構成を簡単にご紹介する。

第1章では「自動車製造」業から「モビリティ・カンパニー」業へと「なりわい」革新に取り組んでいるトヨタの取り組みを引き合

いに出しながら、「なりわい」の定義と企業のブランド戦略、具体的には理念、バリュー（価値観）、パーパス（目的）、ビジョン（ありたい姿）との関係性について説明する。

続く第2章では、デジタルトランスフォーメーション（DX）の進展がなぜ企業の「なりわい」革新を加速させたかについて整理した後、日本企業6社の「なりわい」革新をその遷移のパターンによって4つのタイプに分類し、企業理念と「なりわい」革新の関わり、事業変革と組織文化変革の取り組みについて見ていく。

さらに第3章では、ヤッホーブルーイング、au/KDDI、SOMPOホールディングスの3社の「なりわい」革新をリードするキーパーソンへのインタビュー取材をベースに、既存の公開情報では知り得ない、各社独自の活動を具体的に紹介する。私たちはインタビューの前に、組織文化を刷新するインターナル活動（EX活動）と「なりわい」革新に直接つながる事業変革活動（CX活動）は相互に連関するという仮説を立て、「EXとCXのツインリンクモデル」を構築した。3社の取り組みはそれぞれにユニークで学ぶべき点も多種多彩だが、「なりわい」革新を具現化するプロセスについてはいずれも「EXとCXのツインリンクモデル」で示されるステップに従うことが明らかになったことは大きな収穫である。

第4章では、なりわい再定義に向けたプログラム『Power Session®』のワークフローと個々のフレームワークを紹介する。『Power Session®』はブランドコンサルティングの有力なソリューションのひとつとして開発された電通オリジナルのイノベーション創出プログラムであり、本書でご紹介する企業の中ではau/KDDIでご採用いただいている。第3章の企業インタビューと合わせてご参照いただければ、『Power Session®』の活用方

法とその効果について理解を深めていただけると思う。

本書の読み方

私たちが想定する、本書の読み方・活用の仕方は以下のようなイメージである。

● すぐに「なりわい」を革新し
　ゲームチェンジを起こしたい

経営層や経営戦略部門でやきもきした気持ちを抱えていらっしゃる方は多いと思う。社内で危機感の共有が進まない（茹でガエル状態）、「なりわい」を革新しゲームチェンジを起こしたいが具体的なやり方がわからない（五里霧中の状態）、またあるいは経営層やマネジメント層の一部は熱くなっているがインターナル（従業員）の「自分ゴト」化が進まない（笛吹けども踊らず）、などという状況に悩まれているかもしれない。

「なりわい」再定義を組織や階層の枠組みを超えた全社活動にするための考え方や企業事例を頭に入れていただくと同時に、「なりわい」再定義の具体的な手法をご理解いただくことで本書が有益なガイドラインとして機能するはずだ。

第3章 新たな「なりわい」を具現化するためのEX活動×CX活動と第4章の「なりわい」再定義に向けたプログラム『Power Session®』を重点的にお読みいただけたらと思う。特に第3章の3社の企業のインタビュー取材からは大きなインパクト（手応え）が得られるはずだ。

●「パーパス」やSDGsでは十分に差別化が
できない

「パーパス」探しをしたり、SDGs/ESGに
関する戦略やビジョンを策定したりする活動
はそれ自体、重要な企業活動である。企業が
CSRやSDGsを明確に打ち出すことで、財務
的には投融資を受けやすくなる環境を整える
ことができるし（ESG投資）、採用活動にもプ
ラスの影響が期待できる。また米国のエバー
レーン（アパレル）やワービー・パーカー（眼
鏡）に代表されるD2Cブランドの成功事例の
ように、エシカル（Ethical：倫理的）なサプラ
イチェーン構築や価格の透明性が企業ブラン
ドの信頼性を高め、ファンベースの拡大につ
ながる可能性もある。

しかし、もしあなたの企業がCES、IFA、
MWCなど国際的なイベントに出展し、競争
が熾烈なグローバル市場でビジネスを展開し
ている、あるいは将来的に海外企業の下請け
になりたくないのであれば、「パーパス」や
SDGs/ESGに関する戦略やビジョンを策定す
る活動に加えて、今からでも「なりわい」の
再定義に真剣に取り組むべきだ。意思の力で
つかみ取るべき企業の未来が変わり、近未来
の業界のルールメーカーとしてゲームチェン
ジを起こせる確率がアップするはずだ。

まずは第2章「なりわい」再定義の背景と
パターンをお読みいただき、「なりわい」の
概念や企業事例を押さえていただいたあと、
第3章の新たな「なりわい」を具現化するた
めのEX活動×CX活動をお読みいただくこと
がそのための近道だ。

●デジタルトランスフォーメーション（DX）
が進展している現在、どんなゲームチェン
ジが起きているのか勉強したい

また本書はデジタルトランスフォーメー
ション（DX）が進展している中、注目されて
いる企業の最先端の情報を収集する目的でも
活用できる。もちろん新しいファクトは次々
に生まれ、情報は日々更新されていくが、何
もかもがインターネットにコネクトされ、す
べての企業がハイテク企業に生まれ変わらな
いと生き残れないという時代の潮流は、加速
することはあってもしばらくは変わることは
ないはずだ。

「なりわい」再定義を一大テーマとして大
局的に今起きていることの背景を深く理解す
ることで、「Thought Leader（思考リーダー）」
としてあなたの発言は重みを持ち、社内外で
の情報発信力が高まるだろう。まずは第1章
のなぜいま「なりわい」の再定義が必要なの
かと第2章「なりわい」再定義の背景とパ
ターンをお読みいただいて「なりわい」の概
念と企業事例を頭に入れた後、あなたの企業
や関心のある企業のケースに置き換えてイノ
ベーション思考を深めてほしい。副産物とし
てあなたの情報感度も鋭敏にチューニングさ
れ、「情報の方からあなたを探しに来る」と
いう不思議な感覚（セレンディピティ）を味わ
うことになるかもしれない。

2010年にノーベル化学賞を受賞した鈴木
章 北海道大学名誉教授は「何もやらない人
はセレンディピティに接する機会はない。一
生懸命やって、真剣に新しいものを見つけよ
うとやっている人には顔を出す」という有名
な言葉を残している。

本書『「なりわい革新」事業×組織文化の
変革で経営の旗印をつくる』をあなたの「な
りわい」革新の推進エンジンとして、積極的
に、かつ戦略的にお役立ていただければ幸い
である。

なぜいま「なりわい」の再定義が必要なのか

未来を予知する最良の方法は
それを発明してしまうことである

パーソナルコンピュータの概念を発明し、アップル社
設立にも貢献したアラン・ケイの言葉

「なりわい」が変わることは
お客さまに提供する体験価値（CX）が変わること

トヨタの「なりわい」革新宣言

2018年1月8日（現地時間）、米ラスベガス。世界最大規模の民生技術のイベント・CES 2018の開催を翌日に控えたこの日、トヨタ自動車の記者発表にサプライズ登壇した豊田章男社長は身振り手振りを交えながら、ゆっくりと、しかしはっきりと、力強い英語で、トヨタを「クルマ会社（Automobile Company）」から「モビリティ・カンパニー（Mobility Company）」へ変革することを高らかに宣言した。

「トヨタはもともと自動車ではなく自動織機の発明により創業した会社であることを知らない方もいらっしゃるかもしれません。私の祖父である豊田喜一郎は、当時多くの人が不可能だと考えていた、織機を作ることから自動車を作ることを決意しました。

私は豊田家出身の3代目社長ですが、世間では3代目は苦労を知らない、3代目が会社をつぶすと言われています。そうならないようにしたいと思っています。

私はトヨタを、クルマ会社を超え、人々の様々な移動を助ける会社、モビリティ・カンパニーへと変革することを決意しました。私たちができること、その可能性は無限だと考えています。

私は、お客様がどこにいようとも、新たな感動を提供し、お客様との接点を増やす新たな方法を作り出す、と決心しました。

技術は急速に進化し、自動車業界における競争は激化しています。私たちの競争相手はもはや自動車会社だけではなく、グーグルやアップル、あるいはフェイスブックのような会社もライバルになってくると、ある夜考えていました、なぜなら私たちも元々はクルマを作る会社ではなかったのですから」（「トヨタグローバルニュースルーム」からの抜粋）

「なりわい」とは何か

「はじめに」で述べたように、「なりわい」（生業）というキーワードは日本語としては古くからある言葉であるが、経営やマーケティングの世界で使われるキーワードとしては新参の存在である。

「なりわい」とは、企業が近未来の「ありたい姿」＝「ビジョン」を実現した時に提供したいと考えている体験的な価値を、お客さまにもわかりやすい言葉で表現したものである。企業が「なりわい」を変革することは、お客さまから見れば企業が提供する価値が刷新されることに等しい。

冒頭のトヨタの事例で言えば、「モビリティ・カンパニー」というお客さまにとって

の価値が、トヨタの新しい「なりわい」に相当する。つまり、企業の「なりわい」が変わることは、企業がお客さまに提供する体験価値（CX：カスタマーエクスペリエンス）が変わる、ということでもある。

　また「なりわい」は企業にとって経営の行き先を示す、いわば「旗印」でもある。旗が立つことでお客さまに対して企業が提供する価値の本質がわかりやすくなるだけでなく、インターナル（従業員）をはじめとするステークホルダーに対しても企業が近未来に向かおうとしているゴールがクリアになる。つまり組織や階層の枠組みを超えた事業変革や組織文化変革の活動が進みやすくなるという効果が期待できる。
　ちなみに企業の「なりわい」を表す言葉を私たちは「なりわいワード」と呼んでいる。

　トヨタの「モビリティ・カンパニー」業の他にも、本書で企業事例として取り上げるau/KDDIの「通信を中心としたライフデザイン」業、SOMPOホールディングスの「安心・安全・健康のテーマパーク」業、そしてユニクロの「情報製造小売」業などがその典型例だ。
　もちろん、「なりわい」は成熟した大企業だけの専売特許ではない。むしろデジタルトランスフォーメーション（DX）の進展やコロナ禍など、事業環境の変化にダイナミックに翻弄されることの多い中小企業にとっても喫緊の課題であり、まさに「今、そこにある危機」となっている。

　こういう説明をすると、「なりわい」は欧米流の「基幹事業ドメイン」とどう違うのか、という疑問も湧いてくるかもしれない。私たちの解釈では、「なりわい」は日本の企業が創業時から培ってきた企業風土、価値観といった「熱量を持った精神性」をも包含する概念であり、同時に企業でリアルタイムに働いている従業員の組織文化に対する共感や愛着も涵養する営みという意味合いも含んでいる。そこが「事業ドメイン」との大きな違いである。

　企業を人格に例えるなら、「なりわい」とはまさに企業のリアルな「生き様」である。人間の性格や価値観がタイプ別に分類はできても、まったく同じ「生き様」の人間は二人として存在しない。企業が生み出す商品やサービスもそもそもはヒトが構成するチームや組織を母体にして生み出されている。だから、仮にA社とB社が同じ基幹事業ドメインでライバル関係にあったとしても、熱量を持った精神性の部分は違うので両社の「なりわい」は明らかに異なる。

　ワイン好きの方ならワインづくりに「テロワール」（フランス語「Terroir」）という用語があることを知っていると思う。「土地」（Terre）を語源とするこの言葉はワインの品種における生育地の地理、地勢、気候における特徴を示す。
　例えば同じシャルドネ種を100%使ってフランス国内で白ワインを作っても、ブルゴーニュ、ボルドー、ラングドックなど産地が違えば味や香りは同じにはならず、仮に同じ産地であっても畑やシャトーの特徴によって豊富なバリエーションが生まれる。その理由はワインづくりのプロセスに必ず「土地」と密接に結びついた農家や醸造家などヒトが介在するからである。
　日本語の「なりわい」の漢字表記が「生業」であり、「五穀が実るようにつとめるわざ/農業」を語源とする言葉であることとも

無関係ではないかもしれない。

したがって企業の「なりわい」再定義を論じる場合、事業変革の領域（商品やサービス）と組織文化領域（インターナルである従業員）のそれぞれにおける活動の違いや、逆にその両方の関係性を注意深く見ていくことが大切になるというのが私たちの基本的な考え方である。

それでは企業の「なりわい」は企業ブランドの理念体系とはどういう関係（位置づけ）にあるのか？

企業の「なりわい」と「理念」「バリュー」「パーパス」「ビジョン」との関係

画家ポール・ゴーギャンの代表作に『我々はどこから来たのか？我々は何者か？我々はどこへ行くのか？』がある。ゴーギャンの死生観、人間観を色濃く表す代表作と言われ、キリスト教の教理問答にある「人間はどこから来たのか」（Where does humanity come from?）、「人間はどこへ行こうとするのか」（Where is it going to?）、「人間はどうやって進歩していくのか」（How does humanity proceed?）はゴーギャンの終生の問いでもあったと伝えられている。

この教理問答の問いの「人間」の部分を特定の「企業」に置き換えてみよう。「その企業はどこから来たのか」、「その企業はどこへ行こうとするのか」、そして「その企業はどうやって進歩していくのか」。

特に重要な2地点が原点である「その企業はどこから来たのか」と近未来のゴールである「その企業はどこへ行こうとするのか」である。この2地点は企業の最上位の経営指針として、原点は「理念」、近未来のありたいゴールは「ビジョン」と呼ばれている。

原点である「理念」は企業の最高規範であると同時に原則的に「変えてはいけないもの」である。社会的な存在意義や永続的な目標を中核としつつ、共有すべき価値観やあるべき組織文化などを体系化して表現し、「理念体系」として掲げることが一般的に行われている。呼称や設計（体系）は企業ごとにまちまちで、「ミッション」や「バリュー」の他、創業理念を重んじる会社では「綱領」「社是・社訓」、近年バズワードになりつつある「パーパス」など、枚挙に暇がない。

20世紀末に著され、今日まで読み続けられている名著『ビジョナリー・カンパニー

ゴーギャン『我々はどこから来たのか？我々は何者か？我々はどこへ行くのか？』

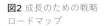

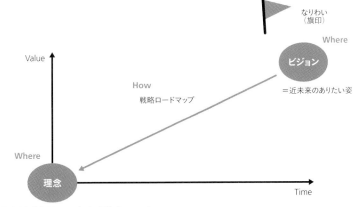

図2 成長のための戦略
ロードマップ

時代を超える生存の原則』（ジム・コリンズ他著、山岡洋一訳、日経BP社、1995年）では、「基本理念（Core Ideology）」＝「基本的価値観（Core Value）＋目的（Purpose）」とし、それぞれを以下のように定義づけている。

● **基本的価値観**（Core Value）＝組織にとって不変の主義。文化や経営手法と混同してはならず、利益の追求や目先の事情のために曲げてはならない。

● **目的**（Purpose）＝単なるカネ儲けを超えた会社の根本的な存在理由。地平線の上に永遠に輝き続ける道しるべとなる星であり、個々の目標や事業戦略と混同してはならない。

一方、企業にはその「理念」を、今日の環境の中で実現していく先に描く具体的な近未来のゴール、「ありたい姿」が必要となってくる。これが「ビジョン」である。変えてはいけない「理念」とは違って、未来の「ありたい姿」は企業の「意思」の力で自由に変えることができる。

我々は時計の針を戻して過去を変えることはできないが、幸いなことに（タイムマシンが

なくても…）未来については自らの意思で「ありたい姿」＝「ビジョン」を自由に変えることができる。企業の場合も同様だ。現在のように非連続なゲームチェンジが頻繁に起きる状況では、むしろ先手先手と先駆けて未来を描き変えていくほうが賢明な選択になる。

しかも必要なら、一定の期間を置いて何度でも！

そして、繰り返しにはなるが、本書のテーマである「なりわい」は「ビジョン」を構成する主要な要素である「提供価値」の部分を、お客さまにもわかりやすい「○○」業という形式で端的に言い換えたものということになる。

「旗印」である以上、それ自体が明快で、遠くからでも識別できる方が良い。

さらに一言付け加えると、ポール・ゴーギャンの3つ目の問いに相当する「企業はどうやって進歩していくのか」は「戦略ロードマップ」ということになる。原点である「理念」と近未来のゴールとのギャップ（差分）が経営的な意味での「課題」であり、企業の経営者は課題解決につながる戦略（成長のた

めの戦略ロードマップ）を考える必要が出てく
る。

　また、その際に迷走（戦略ホッピング）を避
ける知恵が「バックキャスト（逆算方式）」と
いう考え方である。思い切って発想を転換し、
原点とゴールの矢印の引き方を逆転させるこ
とで、最短距離で効率よく両者を結びつける
ことができるようになるのだ。

　「なりわい」と「理念」「バリュー」「パー
パス」「ビジョン」「戦略ロードマップ」の関
係性を整理して図式化すると［P.13図2］のよ
うになる。

　企業の「なりわい」再定義の具体的な手順
であり、『Power Session®』と呼ばれる電通
独自のイノベーション創出を目的としたワー
クショッププログラムについては第4章で主
要ないくつかのフレームワークを紹介しなが
ら詳細に解説していく。

日本企業が抱える課題と
ブランド視点で見た場合の強み・弱み

　「なりわい」の定義と「理念」「バリュー」
「パーパス」「ビジョン」の関係がクリアに
なったところで、私たちが考える成熟した
（あるいは成熟期を迎えようとしている）日本企業
の「なりわい」と「理念」「ビジョン」につ
いてベースとなる主張、具体的には日本企業
の抱える機会と脅威に加えて、ブランド視点
で見た場合の強み・弱みをはっきりさせてお
きたい。私たちと読者の皆さまの視座が揃う
ことで、「なりわい」革新が日本企業のグ
ローバルにおける競争力を回復するための最
高の処方箋であることについて腹落ちしやす
くなるはずだ。

- 〈脅威と機会〉VUCAの時代、「Disruptor（破
  壊者）」にならなくてはならない。
- 〈弱み〉「理念」は強固だが、「ビジョン」
  の構築は欧米企業に比べて弱い。
- 〈強み〉基本理念の中に「パーパス」の要
  素を持ち合わせている。

〈脅威と機会〉VUCAの環境では
「Disruptor（破壊者）」にならなくてはならない

　まずは日本企業の抱える機会と脅威から見
ていこう。商品やサービスの同質化・成熟化
とDXが同時に進行する現在、多くの企業が
経営の舵取りについて大きな悩みを抱えてい
る。

　さらに新型コロナウイルスの蔓延や気候変
動が原因の甚大な風水害が頻発し、少し先の
未来さえ予測するのが相当に困難な時代に突
入している。Volatility（変動性・不安定さ）、
Uncertainty（不確実性・不確定さ）、Complexi-
ty（複雑性）、Ambiguity（曖昧性・不明確さ）
という4つのキーワードの頭文字から取った
造語である「VUCA（ブーカ）」が冷戦時代の
アメリカ陸軍戦略大学校（US Army War Col-
lege）で提唱された軍事用語であること自体、
未来を見通せない悩みの深刻さを暗示してい
るとは言えないだろうか。

　VUCAの環境では、企業は立ち止まったま
までは生き残れない。それでは生き残るため
にはどうするべきか？

　トヨタの豊田章男社長がサプライズ登壇し
た2018年からさらに遡ること3年前、CES
2015でのこと。『FAST INNOVATION：DIS-
RUPT OR BE DISRUPTED』（急速なイノベー
ション：破壊するか破壊されるか）と題されたパ
ネルディスカッションで、著名なパネリスト

のひとり、シスコシステムズCEO（当時）の
ジョン・チェンバースが以下のような衝撃的
な「予言」を行って大きな注目を浴びた。

「IoE（The Internet of Everything：IoTと同義）
によって何もかもがコネクトされる。そし
てすべての業種はハイテク企業になる。そ
れはテクノロジーによってすべてのビジネ
スの変化のスピードがさらに増すことを意
味している。今後10年間でフォーチュン
500の中で生き残れる企業は40％程度に過
ぎない。テクノロジーによる「Disrupt（破
壊）」は今そこに起きている現実であり、巨
大企業であっても自らが「Disruptor（破壊
者）」にならなければ生き残れない」

　経営学者 クレイトン・クリステンセンが
1997年に提唱した「イノベーションのジレ
ンマ」によれば、従来商品の改良を進める
「持続的イノベーション」を得意とする優良
企業は、従来商品の価値を破壊して全く新し
い価値を生み出すスタートアップ企業の「破
壊的イノベーション」が世の中に受け入れら
れると急速に競争力を失うとされてきた。
　しかし、ジョン・チェンバースの予言は、
ヒトやモノ、何もかもがインターネットにつ
ながり、大規模なゲームチェンジが起きてい
る時代、スタートアップ企業ではなく、むしろ
成熟した優良企業こそが率先して「Disruptor
（破壊者）」にならないと生き残れないことを
看破したわけである。ジョン・チェンバース
のこの「予言」を現地で耳にした時、これは
米国内だけの話ではなく、むしろ日本の成熟
企業に対する警鐘であると直感したことを鮮
明に覚えている。

　果たしてジョン・チェンバースの予言は的
中したか？　毎年CESに通い、定点観測を続

けていると、情熱的なチャレンジ精神や強い
危機感をバネに積極果敢に「なりわい」革新
に打って出た欧米や中国のスタートアップ企
業、台湾や韓国の半導体企業は明らかに存在
感を増しているように映る。
　これは決して感覚的な話だけではない。
2007年と2017年の『グローバル時価総額
トップ10』［P.16図3］を見てみよう。グローバ
ルではトップ企業の顔ぶれは「資源・金融」
からGAFAや中国のBAT（バイドゥ、アリババ、
テンセント）など「Disruptor（破壊者）」に大
きく様変わりしているだけでなく、トップ
10の企業価値の総額（合計）も10年前の1.6
倍に拡大し、新たな企業価値を創出している
ことが明らかだ。
　それに対して日本はDXが進展した10年間
でトップ企業の顔ぶれにほとんど変動はなく、
トップ10の企業価値の総額についても1.1倍
で10年前からあまり伸びていない状況に
なっている。

　このことは過去のアナログ時代に大きく業
績を伸ばした日本企業の多くがDX時代に
入って「サクセストラップ（成功の罠）」に
陥ってしまうことで成長のモメンタム（勢い
感）を減速させ、グローバルな競争では相対
的な地位低下を起こしていることを物語って
いる。この流れを大きく変えない限り、日本
企業は10年以内に生き残れるとされた40％
の企業リストにエントリーすることすら危ぶ
まれるかもしれない。

　しかし一方で、世界中の企業にとってリス
クとチャンスは平等に訪れる。同じデジタル
の時代でも、パーソナルコンピュータの時代
に覇権を握った企業がインターネットの時代
に入ってそのままその地位を保てたかという
と必ずしもそうではないという厳然たる事実

図3 グローバル時価総額トップ10

グローバルではトップ企業の顔ぶれは資源・金融から、「創造的破壊者」へと大きく様変わりした。トップ10の企業価値は10年前の1.6倍にまで成長し、新たな価値を創出していることが窺い知れる。

2007年		時価総額ランク	2017年		
	($B)			($B)	(倍)
エクソンモービル	510	1	Apple	775	7.4
ペトロチャイナ	448	2	Google（Alphabet）	650	2.9
GE	422	3	Microsoft	561	1.6
チャイナモバイル	406	4	facebook	492	—
中国工商銀行	372	5	Amazon	475	16.8
Microsoft	344	6	バークシャー・ハサウェイ	432	2.1
ガスプロム	294	7	Alibaba	392	—
ロイヤル・ダッチ・シェル	280	8	Tencent	382	49.8
中国石油化工集団	267	9	ジョンソン＆ジョンソン	358	2.0
中国建設銀行	266	10	エクソンモービル	339	0.7
上位10社時価総額	3,609			4,855	1.6

出典：2007年 日本経済新聞2008/1/13、2017年：180.co.jp

に着眼することも必要だろう。プライバシーの保護やカーボンオフセットへの取り組みなど昨今も企業間競争のゲームルールが大きく変化しつつあることは、日本企業にとってもリスクであると同時に「再成長の機会点」となりうるはずだ。

　いずれにしてもVUCAの環境では成熟した大企業こそが「Disruptor（破壊者）」になり、「なりわい」革新によってハイテク企業に生まれ変わらない限り、生き残りは保証されないのである。

〈弱み〉「理念」は盤石だが「ビジョン」の構築は弱い

　それでは、VUCAの環境下で日本企業、特に成熟した大企業で「なりわい」革新の気運が起こりにくかったのはなぜか？　多くの日本企業は「理念」を大切にするという意識は強いが、「ビジョン」の構築は、海外、特に米国の企業に比べて脆弱である、というのが私たちの見立てである。

　日本企業の「ビジョン」が多くの場合、中

長期の経営計画（中計）と連動していること、その経営計画が社内の各部門から上がってきた部門中計を束ねたものでしかないケースが未だに少なくないことがその背景にある。

　さらに、あえて誤解を恐れずに言えば、日本の企業は失敗を過剰に恐れるあまり、「ムーンショット」、つまりイノベーションを生み出すための壮大で明確な「ビジョン」を打ち出すのが苦手である（「大風呂敷を広げる」という表現がネガティブな意味合いで使われるケースが多いことがその証拠と言える）。

　「ビジョン」は近未来の企業の「ありたい姿」のゴールである。ゴールとして設定した目標以上に企業が高みに登り詰めることは難しい。しかも日本人は「バックキャスト」（逆算方式）ではなくて、お互いに空気を読み合いながら、少しずつフォアキャストで前進する方が生理的にしっくり来るようだ。

　日本人の勤勉さや実直さが武器になるのは平時であり、DX時代のようにゲームルールが頻繁に変わる非常時には、それだけでは機能しなくなる。結局は成り行き任せに陥ってしまい、うまくいかなくなると多くの人々を

不幸に巻き込んでしまう。残念なことに、こういった日本人の気質の悪い部分は第二次世界大戦当時からあまり変わっていない。しかしこれ以上、この悪しき傾向を放置し続けると、それは日本企業の弱みとして未来永劫、定着してしまうだろう。

対照的に米国では、2010年頃からシリコンバレーのスタートアップ企業を中心に「リーン・スタートアップ」という考え方や手法が急速に浸透・普及した。「リーン」（Lean：英語）とはもともとは「希薄な」「筋肉質の」という意味で「ムダがない」というニュアンスで使われる。

事業のアイデアが浮かんだらすぐにプロトタイプを制作し、お客さまにテストをする。テストからの学びを機敏（アジャイル）に改善に結びつける。失敗からも学ぶ、どのみち失敗するなら早い段階で失敗する、成功の反対は失敗ではなく「何もしないこと」である、というポジティブな発想である。

近未来の「ありたい姿」としての「ビジョン」をスピーディに打ち出す。仮にうまくいかなかったら、「ピボット」（バスケットボールの選手のように戦略の軸足は変えないで機敏にうまく行きそうな方向を探す）すれば良いではないか、という割り切った考えが根底にある。

それでは「ビジョン」を打ち出すという点で日本企業のすべてが不得手なのかといえば、必ずしもそうではない。日本企業にも数は少ないが、DX時代に入って変貌を加速させたすばらしいロールモデル（キャリア形成のお手本）が存在する。本書の冒頭でご紹介したトヨタがその代表だ。トヨタは「リーン・スタートアップ」[図4]のベースになる「トヨタ生産方式」を生み出したことでも知られている。

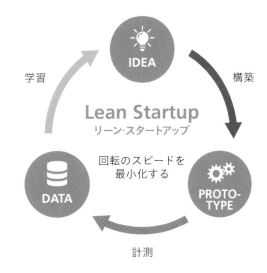

図4 リーン・スタートアップの考え方
出典：ディライトデザインのWEBサイト

トヨタの「なりわい」革新の背景にあるトヨタフィロソフィー

いったん話をトヨタの「なりわい」革新に戻す。

豊田章男社長は、CES2018でのプレゼンテーションにおいて、トヨタの新しい「なりわい」として「モビリティ・カンパニー」の旗を打ち立てただけでなく、トヨタが提案するモビリティサービスの「ビジョン」を実現するための「戦略ロードマップ」の一例として「e-Palette（イー・パレット）」という自動運転の電気自動車（EV）のプロトタイプやモビリティサービスのプラットフォーム構想までお披露目した。

さらにトヨタのもうひとつの卓越性を示すポイントとして注目したいのは、「理念」の尊重、すなわちトヨタイズムの原点であり、トヨタが持つ独自のドメスティックで勤勉実直な企業風土や価値観の継承である。

豊田章男社長のプレゼンテーションでも触れられていたように「クルマ会社（Automobile Company)」としてのトヨタは1935年（昭和10年）に「国産自動車事業を興す」という強い熱意でA1型試作乗用車を作り上げた豊田喜一郎からスタートした。しかし、精神的な資産継承という意味合いでは、豊田喜一郎の父で1924年（大正13年）に当時では世界最高性能のG型自動織機を発明したことで著名な豊田佐吉にそのルーツを求めることができる。

　トヨタはグループ企業全体で豊田佐吉の遺志を受け継いだ『豊田綱領』を、現在でも「基本理念（Core Ideology）」として尊び、「社是」「社訓」の形で極めて大切に受け継いでいるのだ。
　JR名古屋駅近くの栄生にあるトヨタグループ発祥の地に「研究と創造の精神」「モノづくりの大切さ」を世の中に広く伝えるためにトヨタ産業技術記念館が開設されている。記念館を訪れた者は誰でも『豊田綱領』の文言を繰り返し目にすることになるはずだ。

　『豊田綱領』の説明のプレートにはこう記されている（外国からの来場者のために英語での表記もある）。

豊田綱領

豊田佐吉翁の遺志を体し
一、上下一致　至誠業務に服し　産業報国の実を挙ぐべし
一、研究と創造に心を致し　常に時流に先んずべし
一、華美を戒め　質実剛健たるべし
一、温情友愛の精神を発揮し　家庭的美風を作興すべし
一、神仏を尊崇し　報恩感謝の生活を為すべし

『豊田綱領』とは、豊田佐吉の精神を、豊田利三郎、豊田喜一郎を中心に当時の豊田各社の経営陣が整理し、制定したものです。佐吉の5回目の命日にあたる1935年（昭和10年）10月30日に、ここ栄生の地（現・トヨタ産業技術記念館）の佐吉の胸像前で発表されました。現在もトヨタグループ各社の社是、社訓となって永く受け継がれています。

　『豊田綱領』はまさにトヨタの「理念」体系の頂点であると同時に、従業員の行動規範としての「価値観（バリュー）」と社会における存在理由としての「目的（パーパス）」（同社の場合は「ミッション」）が練りに練られて5つの項目とその行間に凝縮されていると言えよう。

　しかし、一方で自動車産業は今、100年に一度の大変革の時代にあるだけでなく、トヨタ自体も日本国内だけでなくグローバルで37万人もの従業員を抱えている。文語体で書かれた『豊田綱領』の行間を補い、世代や国境を超え、さらに時代の変化に合わせて「トヨタらしさ」をよりわかりやすい言葉で再定義する必要が出てきた。そこで2020年11月、2021年3月期第二四半期決算説明会で豊田章男社長から発表されたのが、トヨタのぶれない軸をまとめなおした「トヨタフィロソフィー」［図5］である。今から60年以上前、「クルマ会社（Automobile Company）」としてのトヨタを起動させた豊田喜一郎が亡くなった後に経営の襷を受けた経営陣によってまとめられた「円錐形」の図がベースになっていると言われている。
　「トヨタフィロソフィー」の構造を詳しく見ていこう。頂点に豊田佐吉の精神・トヨタおよびトヨタグループ各社の社是、社訓となっている『豊田綱領』があり、その直下の

階層にトヨタの社員が大切にすべき価値観や行動規範である「バリュー」として「トヨタウェイ」が位置づけられている。そして上から3番目の階層には、「幸せを量産する」ことがトヨタの「ミッション」であると謳われている。『豊田綱領』「トヨタウェイ」「幸せの量産」がブランドの原点である「理念」だとすると、60年前の「円錐形」にはなくて今回付け加えられた「ビジョン」、「可動性（モビリティ）を社会の可能性に変える」が「モビリティ・カンパニー」としてトヨタが目指す「ありたい姿」（近未来のゴール）であり、それが「円錐形」の底辺に明記されている。つまり「トヨタフィロソフィー」はトヨタブランドの過去（我々はどこから来たのか？）・現在（我々は何者か？）・未来（我々はどこへ行くのか？）に関する組織の「暗黙知」を「形式知」化させると同時に、極めてシンプルな言葉で整理した、ナビゲーション地図のような役割を持った戦略ツールであることがわかる。

　トヨタは2018年のCESにおいて豊田章男社長が「モビリティ・カンパニー（Mobility Company）」という新しい「なりわい」の旗を立て、世界に力強く宣言することで自らの近未来のありたい姿＝「ビジョン」を鮮明にした。しかも「自動運転の技術で世界をリードする」という近視眼的なゴール設定ではなく、目線を高め「可動性（モビリティ）を未来の可能性に変える」という社会課題解決に昇華させる形で「トヨタフィロソフィー」の中で再定義したことにも敬意を表したいと思う。

　それでは、トヨタが『モビリティ・カンパニー』という新たな「なりわい」革新を成功させるために取り組まなければいけないことは何か。言うまでもなくゴール（「可動性（モビリティ）を社会の可能性に変える」というビジョン）とスタート（理念である『豊田綱領』「トヨタ

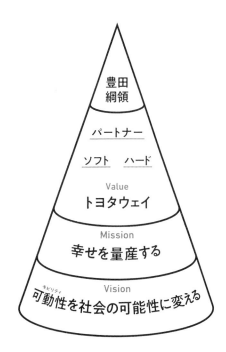

図5 トヨタのぶれない軸をまとめなおした「トヨタフィロソフィー」
出典：トヨタグローバルニュースルーム

ウェイ」「幸せを量産する」というミッション）を「バックキャスト」（逆算方式）で結ぶ「戦略ロードマップ」を構築することである。それはまさに流れの速い大きな川に橋を架けるような営みである。そして盤石な橋づくりのためには複数の堅固な橋脚を設ける必要があるだろう。

　トヨタにとっての初の橋脚は2016年1月に人工知能技術などの先端研究や先端技術開発を目的に米シリコンバレー・パロアルトに設立されたトヨタ・リサーチ・インスティテュート（略称：TRI、ギル・プラットCEO）である。そして2018年の「なりわい」宣言と同時に打ち出された「e-Palette」構想に続き、カーシェアリングサービス「KINTO」、MaaSのプラットフォーム「モネ・テクノロジーズ」、そしてCES 2020で再び打ち出されたモビリティサービスやスマートシティの実験都市「ウーブン・シティ（Woven City）」やこのプロジェクトを推進するための新組織

図6 トヨタの「なりわい」革新の整理

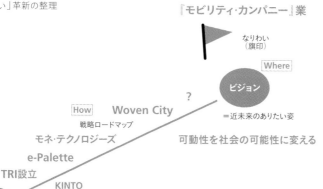

『モビリティ・カンパニー』業

なりわい
（旗印）

Where

ビジョン

？

How Woven City

戦略ロードマップ

モネ・テクノロジーズ

e-Palette

TRI設立

KINTO

Value

Where

理念

Time

＝近未来のありたい姿

可動性を社会の可能性に変える

＝基本的価値観（Core Value）＋目的（Purpose）

『豊田綱領』・トヨタウェイ・幸せを量産する

「ウーブン・プラネット・ホールディングス」（2021年1月発足、リーダーはグーグルのロボティクス部門を率いたジェームス・カフナーである）の立ち上げなどは強固な橋を支えるための橋脚群に他ならない（そして橋脚を形成する多くのプロジェクトが自前主義ではなく、オープンビジネスで推進されていることも着目すべきである）。

トヨタの「なりわい」革新の「戦略ロードマップ」構築を図式化すると［**図6**］のように整理されるはずだ。

自動運転をベースにした「モビリティ・サービス」に名乗りを上げている企業は、トヨタやゼネラルモーターズ、BMW、メルセデス・ベンツ、フォルクスワーゲン・アウディグループなど自動車会社だけではない。豊田章男社長のプレゼンテーションで名前の挙がったGAFAの一角・グーグル傘下のウェイモ、アップル、アマゾンなどのIT企業、新興EVメーカーのテスラ、ポニー・エーアイ、オートXなど中国のスタートアップ企業、ゲーム用画像チップ（GPU）メーカーのエヌビディア、半導体のインテル傘下のモービルアイ、自動車部品メーカーのボッシュやコンチネンタルなど、実に多種多彩な顔ぶれである。

業種やサプライチェーンの垣根を越えてバトルロイヤルが展開されているだけでなく、企業同士の戦略的な合従連衡も覇権を握るための駆け引きもすでに始まっている。

生き残りのために企業が激しいつばぜり合いをしながら、「私たちはどこから来たのか」、「私たちはどこへ行こうとするのか」、そして「私たちはどうやって進歩していくのか」という問い直しをセットで行うことが常に重要になってくる。

トヨタの「なりわい」革新の取り組みは、「理念」は強いが「ビジョン」の構築は苦手な日本の成熟企業にとって格好のお手本であると言える。

〈強み〉基本理念の中に「パーパス」の要素を持ち合わせている

一方で日本企業が「なりわい」革新に真剣に取り組む上でプラスになる強みも存在する。それは企業の歴史の長短や企業規模の大小にかかわらず、多くの日本企業が基本理念の中に「パーパス」の要素を持ち合わせているということである。

先述した通り「目的（Purpose）」は「基本的価値観（Core Values）」とともに、アイデンティティの中核である「基本理念（Core Ideology）」を構成する要件であり、変えてはいけない企業ブランドの大切な構成要素である。また「目的（Purpose）」はさまざまな企業の理念体系で用いられている「使命（Mission）」ともほぼ同義であると言われている。

海外の企業に対する明確なアドバンテージとして、日本企業には古くから企業の社会的な存在理由である「パーパス（目的）」の考え方が創業当初から根付いており、明文化された形で企業の「理念」体系に組み込まれていることにも注目したい。

日本企業の「理念」体系の中に「パーパス」が根付いている事例をいくつか挙げていこう。

例えば、清水建設は1887年に相談役として招聘した渋沢栄一の教えである『論語と算盤』（道徳と経済の合一を旨とするという意味）を「社是」とし、この考え方を基に自社が果たすべき社会的使命を「経営理念」として定めている。

その経営理念は「真摯な姿勢と絶えざる革新志向により社会の期待を超える価値を想像して持続可能な未来づくりに貢献する」というものである。清水建設の「社是」も「経営理念」も「パーパス」とは呼ばれていないが、企業の理念体系の中で社会的な存在理由を示していることには変わりはない。

また、1858年（安政5年）創業の伊藤忠商事は初代・伊藤忠兵衛の出身地でもある近江の商人の経営哲学『三方よし』の精神を事業の基盤としてスタートした。

『三方よし』は「売り手よし」「買い手よし」に加えて、幕藩時代に近江商人がその出先で地域の経済に貢献し、「世間よし」として経済活動が許されたことに由来するという。

同時に伊藤忠商事には伊藤忠兵衛の座右の銘「商売は菩薩の業、商売道の尊さは、売り買い何れをも益し、世の不足をうずめ、御仏の心にかなうもの」も伝えられている。

言うまでもなく『三方よし』もこの座右の銘も現代のESG・SDGsの源流であり、伊藤忠商事自身もESGレポートの中で「『三方よし』の精神は、自社の利益だけではなく、取引先、社員や株主をはじめ様々なステークホルダーを重んじる経営哲学として今も息づいています。」と記している。

伊藤忠商事は2020年4月には、それまでの「豊かさを担う責任」に代えて『三方よし』を「企業理念」として定めている。

稲盛和夫によって1959年（昭和34年）に京都で創業した京セラも「社是」として『敬天愛人』〈常に公明正大　謙虚な心で　仕事にあたり　天を敬い　人を愛し　仕事を愛し　会社を愛し　国を愛する心〉を、「経営理念」として「全従業員の物心両面の幸福を追求すると同時に、人類、社会の進歩発展に貢献すること。」を掲げている。

小集団による部門別採算や自由度の高い組織運営など独創的な管理会計「アメーバ経営」を発案したことでも尊敬を集める稲盛和夫は、1984年（昭和59年）に通信の自由化に伴い、京セラの資金を投じて第二電電（DDI。今日のKDDIの前身）を設立している。

KDDIにも稲盛イズムが色濃く踏襲され、「社是」として「心を高める～動機善なりや、私心なかりしか～」、「企業理念」として「KDDIグループは、全従業員の物心両面の幸福を追求すると同時に、お客さまの期待を超

える感動をお届けすることにより、豊かなコミュニケーション社会の発展に貢献します。」を掲げるほか、「KDDIフィロソフィ」「KDDI行動指針」が詳細に規定されている。

また「パーパス」そのものではないが、関連する事象として日本の老舗企業、特にメーカーや百貨店などは敷地内に「企業内神社」を祀ったり、従業員研修プログラムに禅などの修行を取り入れたりする企業も珍しくない。

例えば、パナソニック本社がある大阪門真市の敷地の一角には、創業家の松下家が和歌山市内の生家で祀っていた白龍大明神を「御霊分け」した神社があり、祭祀担当の肩書きを持った専属の従業員が存在する。また全国約100カ所の事業所にも同社が祀られ月例祭が営まれているという。短期的な事業成果よりも社会への奉仕が企業の究極の目的であることを定期的に想起するためである。

第4章で企業内部の組織や階層の枠組みを超えたタスクフォースチームの活動によって、企業の「なりわい」を再定義するためのプログラム『Power Session®』の紹介を行うが、「なりわい」を再定義するための拠り所となる「ありたい姿」＝「ビジョン」を策定するために重要になるのは「企業の意思」である。「企業の意思」は企業ブランドが持つDNAの棚卸しを行い、プライオリティを合意形成することによって決定される。「パーパス」は企業のDNAの中でも重要な要素であるから、この部分が強固であることは新しい「なりわい」がワン＆オンリーの存在として輝きを放つだけでなく、組織文化を革新するイン

ターナル活動や、より良いお客さま体験（CX）の提供を通じた事業変革の活動にとっても大きな後押しとなるはずだ。

以上、第1章を通じて、企業の「なりわい」とは何か、「なりわい」と「理念」「バリュー」「パーパス」「ビジョン」との関係はどうなっているのか、日本の企業がグローバルでの競争力を回復するために、どういった点に目配りして「なりわい」革新を行わなければならないのかをご理解いただけたと思う。

日本企業にとって「なりわい」を再定義し、新たなイノベーションを生み出す活動が最優先の経営課題であること、そのためにインターナル（従業員）が組織の階層や枠組みを超えて、文字通り一丸となって「なりわい」刷新の活動に取り組む必要があることについて今一度、決意を新たにしてほしい。

未来は企業の「意思」で変えることができる。しかしそのためには「意思」の原動力となる従業員ひとりひとりの熱量を高めなくてはならない。私たちは熱い想いを持ち、企業の「なりわい」再定義の活動にコミットしたいと考えている方々に全力でエールを送りたい。

この後の第2章ではDXの進展がいかに企業の「なりわい」革新を加速させたかについて整理した後、日本企業6社の「なりわい」革新を、その遷移のパターンによって4つのタイプに分類し、企業理念と「なりわい」革新の関わり、事業変革と組織文化変革の取り組みについて見ていきたいと思う。

背景とパターン

もうこれで満足だという時は、すなわち衰える時である

幕臣から官僚・実業家に転身し多種多
様な企業の設立・経営に関わり日本資
本主義の父と言われる渋沢栄一の言葉

ただひとつのビジネスモデルがあるわけではない。

多くの機会と多くの選択肢があり、

我々はそのすべてを見つけなくてはならない

オライリーメディア創始者兼 CEO で、
フリーソフトウエアとオープンソース運動の
支援者であるティム・オライリーの言葉

研究対象となった日本企業と
5つの素朴な疑問

「なりわい」研究対象になった
9社の企業のリスト

　今回、企業の「なりわい」革新をテーマに執筆するにあたって、研究対象にした企業9社と各社の「なりわい」ワードの一覧は[図7]の通りである。

　第1章でご紹介したトヨタ（「自動車製造（オートモービル・カンパニー）」業から「モビリティ・カンパニー」業へ）に加えて、

●富士フイルムホールディングス：「写真関連製品製造」業から「トータルヘルスケアカンパニー」業へ

●ユニクロ：「カジュアルウエアの製造小売」業から「LifeWearを実現する情報製造小売」業へ

●SOMPOホールディングス：「保険」業か

ら「安心・安全・健康のテーマパーク」業へ

●大和ハウス工業：「プレハブ住宅メーカー」業から（「プレハブ住宅メーカー」業をコアにしながら）「人・街・暮らしの価値共創グループ」業へ

●コマツ：「建設機械・鉱山機械の製造」業から「建設機械・鉱山機械のソリューション（DX推進）」業へ

●みずほフィナンシャルグループ：「総合金融」業から「非金融を含む次世代金融」業へ

●au/KDDI：「通信」業から「通信を中心としたライフデザイン」業へ

●ヤッホーブルーイング：「クラフトビール製造」業から「新たなビール文化創出による幸せ提供」業へ

の各企業をリストアップした。

図7 「なりわい」革新の研究対象となった企業9社と「なりわい」ワード

トヨタ	富士フイルム ホールディングス	ユニクロ	SOMPO ホールディングス	大和ハウス工業
「自動車製造」業 ↓ **「モビリティ・ カンパニー」業**	「写真関連製品 製造」業 ↓ **「トータル ヘルスケア カンパニー」業**	「カジュアルウエアの 製造小売」業 ↓ **「LifeWearを実現 する情報製造 小売」業**	「保険」業 ↓ **「安心・安全・健康の テーマパーク」業**	「プレハブ住宅メーカー」 業 ↓ （「プレハブ住宅メーカー」業を コアにしながら） **「人・街・暮らしの 価値共創グループ」業**
コマツ	みずほ フィナンシャル グループ	au/KDDI	ヤッホー ブルーイング	
「建設機械・鉱山機械 の製造」業 ↓ **「建設機械・鉱山機械の ソリューション （DX推進）」業**	「総合金融」業 ↓ **「非金融を含む 次世代金融」業**	「通信」業 ↓ **「通信を中心とした ライフデザイン」業**	「クラフトビール製造」業 ↓ **「新たなビール文化 創出による幸せ提供」業**	

9社の出自は非常に興味深い。創業からの歴史の長さの違いだけでなく、業種（製造業、サービス業）やターゲットとするお客さま（BtoB、BtoC、あるいはその両方）も多岐にわたる。また企業規模の点でも8社は東証1部上場企業であるものの、1997年創業、売上高約200億円、従業員数約150人のヤッホーブルーイング（本社：長野県北佐久郡軽井沢町）だけは非上場で中小企業に分類されるだろう。

「なりわい」革新の研究対象の企業リストを作成するにあたって私たちが採用した選定基準は以下の通りである。

・日本国内で創業された日本企業であり、明確な企業「理念」（＝価値観：コアバリュー＋目的：パーパス）に基づいて経営されていること
・ターゲットにしている顧客層が広く、高い認知度と社会的な存在感があること
・DXの進展が「なりわい」革新のきっかけ（ビジネスモデル見直しのトリガー）になっていること
・新しい「なりわい」をコーポレートコミュニケーション（企業広告、広報/IRなど）を通じて対外的に発信していること（当の企業がそれを「なりわい」ワードであると認識している、していないは別にして）

富士フイルムホールディングス、ユニクロ、SOMPOホールディングス、大和ハウス工業、コマツ、みずほフィナンシャルグループの6社はこの章の後半、「なりわい」革新に踏み切った企業のパターン別の分類のところで詳しく紹介する。すなわち、「本業消失」＝富士フイルムホールディングス、「カリスマ経営者の大志」（トヨタもこのパターンに含まれる）＝ユニクロ・SOMPOホールディングス、

「再成長の事業イノベーション」＝大和ハウス工業・コマツ、「クロステック（X-Tech）への対応」＝みずほフィナンシャルグループ、といった具合である。

SOMPOホールディングスとau/KDDI、ヤッホーブルーイングについては第3章「新たな『なりわい』を具現化するためのEX活動×CX活動」で取り上げる。この3社については、私たちがこの本を書き上げるために「なりわい」革新のキーパーソンに直接取材を行なったものである。

第2章の本題である「なりわい」再定義の背景とパターンを見ていく前に、研究会での講演や大学院の講義などでよく質問を受ける「5つの素朴な疑問」とその答えを紹介する形で「なりわい」という概念についてもう少し深掘りしてみたい。読者の皆さまの「なりわい」に関する疑問の解消に少しでもお役立ていただければ幸いである。

素朴な疑問1

「なりわい」が変わると企業の何が変わるのか

まず、企業がお客さまとして向き合うターゲットとフォーカスする事業カテゴリーが明確に変わる。「はじめに」でも述べた通り、特に事業カテゴリーが変わることは、お客さま主語で考えるとお客さま体験（CX）そのものが変わることを意味する。BtoC主体でビジネスを行ってきた企業がBtoB中心に転換することもあれば、あるいはその逆のパターンになる可能性すらある。

企業とお客さまのコンタクトポイント（接点）が、スマートフォンのアプリ、スマートウォッチなどウェアラブル端末やAIスピーカーなどの普及を通じてオフライン（リアル）

の領域に拡大・多様化していくことは、企業にとってはチャンスである。お客さまとの共創を前提にして、どんな感動体験を創出できるかがブランドの差別化の武器になっていくだろう。

そして、第1章で紹介したトヨタの豊田章男社長のCES 2018におけるプレゼンテーションにもあったように、競合とする企業も大きく変わる。「モビリティサービス」の市場では伝統的な自動車メーカー以外でも、IT企業はもちろん、新興EVメーカー、中国のスタートアップ企業、画像チップメーカー、ライドシェアサービス企業、自動車部品サプライヤーなど業界や業種の垣根を越えて参入し、自動運転の開発競争を繰り広げている。

また、企業のビジネスモデルも変わる。DXの進展とともに、20世紀には存在しなかった10個以上の斬新なビジネスモデル、すなわち、「アンバンドル」「ロングテール」「マルチサイドプラットフォーム」「フリーミアム」「オープンビジネス」「マスカスタマイゼーション」「カスタマーオペレーション・モニタリング」「スマートプロダクト」「バリューエクステンション」「スマートマッチング」などが相次いで誕生した（これらビジネスモデルについては後ほど詳しく説明する）。

モノを売り切ることがゴールであった時代から、モノやサービスを売ってお客さまにどう感じてもらうかがゴールになる時代へ。企業は自らの生き残りのために、新たなビジネスモデルを採用したり、複数のビジネスモデルを組み合わせたりして新しい「なりわい」を営むことを余儀なくされるだろう。

さらに「なりわい」が変わることでお客さま体験（CX）だけでなく、EX（従業員体験）も

刷新を余儀なくされる。新たな「なりわい」に基づく魅力的なお客さま体験（CX）を持続的に創出するためには、従業員の「理念」への共感と新たな「なりわい」実現の意欲が不可欠であり、企業の経営者は一貫性・戦略性を持ったインターナル活動を実行する必要がある。

具体的には、経営目標、経営方針や事業戦略だけでなく、組織文化、人事や会計システム、給与体系や職務計画、はたまたオフィスレイアウトに至るまで従業員の自律性を高めたり、変化を促しあったりするような活動である。

インターナル活動であるEX（従業員体験）とお客さま体験（CX）の刷新活動の関係については第3章で詳しく解説する。

素朴な疑問2

これらの企業は「なりわい」を意識して使っているのか

我々は「なりわい」というワードが事業経営やマーケティングの領域で（少なくとも現時点では）一般的ではないことを理解している。

実際に多くの企業は「なりわい」という概念に気がついておらず、中長期の経営計画に紐づく事業目標や「ありたい姿」「ビジョン」に関連するコーポレートスローガンのような不安定な形でそれらを取り扱っていると推察される。

一方で、富士フイルムホールディングスの「トータルヘルスケアカンパニー」やSOMPOホールディングスの「安心・安全・健康のテーマパーク」のように経営トップが戦略性を込めて「なりわいワード」を発信すると、強力なインパクトを持った情報発信となる、というケースも見られる。

今回、企業への取材を通じての最大の収穫は「なりわい」の概念が、研究対象となった企業にとって説明力があり、それゆえ経営層、CDO（最高デジタル責任者）や経営企画部門などにおいても理解度・共感度や受容性が極めて高いことが確認できたことだ。

アイザック・ニュートンは1665年にリンゴが木から落ちるのを見て「リンゴに対して動いている力が月や惑星に対しても働いているのではないか」と着想した、と言われている。『万有引力』の法則が発見される前から、自然現象として月や惑星は（万有引力に支配されて）地球の周りに存在した。

またトヨタ生産方式で知られる「改善」は海外では「Kaizen」と呼ばれている。「より良いものを、より早く、より安く」という発想は産業革命以降、世界中の製造業の経営者の頭の中には暗黙知の形で存在したはずだが、トヨタはそれを形式知化して経営陣や従業員がとことん突き詰めることで世界のライバルを凌駕する競争優位を創り出した。

現象が理論よりも先行するケースはよくあることだ。変化ドライバーにいち早く気づき、暗黙知を形式知として活用できるように整備していくことが重要なのだ。理論化、体系化するプロセスの中で多視点での議論が活発になり、サイエンスとしての経営学やマーケティングは進化するのである。

素朴な疑問3

「なりわい」革新で これまでの事業はなくなるのか

「なりわい」ソードは企業が目指す近未来の「ありたい姿」（ビジョン）を実現した時にお客さまに提供している価値をわかりやすい言葉で表現したものだ。しかしだからといってこれまで企業の屋台骨を支えてきた事業そのものがある日を境に急に消えてしまうわけではない。

例えば、「モビリティ・カンパニー」業を目指すトヨタは、販売店の系列による取扱車種の違いを解消し、商品ラインナップの縮小整理に着手している。仮に世の中のクルマの大半がサブスクリプション型でリースのような形態になったとしても、また製造するクルマの動力が内燃機関から電気モーターや燃料電池に置き換わったとしても、全世界で約30兆円（2020年3月期決算）を売り上げる自動車製造業（オートモービル・カンパニー）のビジネスがゼロになることは決してないだろう。「本業消失」によって「未来の価値を生み出す（Value from Innovation）」業への転換を余儀なくされ、その後、医療分野に将来性と収益性があることを見抜いて「トータルヘルスケアカンパニー」へ邁進する富士フイルムホールディングスについては、売上比率は大幅に下がったとはいえ、写真関連の事業は依然として継続しているし、インスタントカメラ「チェキ」や「写ルンです」などのアナログ製品は、「銀塩写真フィルム」をリアルタイムで体験したことがなかったデジタルネイティブな世代（ミレニアル世代後半～Z世代）からノスタルジー消費のような形でその良さが再評価されている。

逆に中長期的な視点で見ると、戦略的適合性、成長性、採算性などを考慮し、「ノンコア」という位置づけになった事業については売却や撤退という選択肢も検討されてくるかもしれない。

もちろん、企業によって「時計」の進み方

は違う。重要なのは「なりわい」革新は企業にとってDX時代を生き抜くための処方箋であり、そのためにはビジョンから理念に向けてバックキャストする形で戦略ロードマップを構築して、着々と準備を進めていかなくてはならないということだ。

変化の激しい時代、渋沢栄一の言葉が示すように「現状維持は衰退」なのである。

素朴な疑問4

それでも「なりわい」ワードはわかりにくくないか

「なりわい」革新の方向性については、後ほど詳しく述べるように、「市場」（＝お客さま）が変わる場合、組織能力が高まることで提供する「価値」（＝お客さま体験：CX）が深まる場合、そしてその両方が同時に変わる場合の3種類がある、と考えている。特に最後の両方がともに変わる場合は、新しいターゲット（現在、獲得できていない市場やお客さま）に新しいお客さま体験（お客さまから見れば未知のCX）を示すことになり、変わるべき方向性がわかりにくいという印象が残る可能性がある。

トヨタが目指す新しい「なりわい」の「モビリティ・カンパニー」業や富士フイルムホールディングスの「トータルヘルスケアカンパニー」業のように、造語的にカテゴリーを示唆するようなワードを生み出すケースがそれに当たるだろう。

逆に私たちは「なりわい」ワードは小綺麗にコピーワークされたフレーズよりも、むしろ「引っかかりのある、ゴツゴツした言葉」の方が良いと考えている。SOMPOホールディングスの「安心・安全・健康のテーマパーク」業は2020年以降、企業CMでも発信されているが、廉直な印象によってむしろ耳（記憶）に残る巧みなワーディングになっていると感じるし、そこに「保険」という単語を排除することで「保険が要らなくなるような、人間の人生のリスクを減らすためにプロアクティブに働きかけるサービス」業を指向していることも推察できる。

「はじめに」でも述べた通り、「なりわい」は企業の旗印である。米国の星条旗は複雑なデザインだが、遠くから見ても米国のアイデンティファイアー（識別記号）であることが視認できる。

赤白交互の13本のストライプが独立当初の13州を表し、左上の青地に白の50個の星が現在の50の州を意味することを多くの人々が知るのは星条旗が米国の旗印であることを認知したあとで良いかもしれない。要は旗が立つことで、お客さまや従業員を含むステークホルダーの認知や行動が変わることが重要なのである。

「なりわい」ワードをコピーワークし過ぎてしまうと、ブランドスローガンやタグラインと近くなってしまい、別の意味で混乱を招いてしまうというリスクが想定される。

素朴な疑問5

「なりわい」革新と「なりわい」再定義の表現の違いは何か

「なりわい」革新は「ゴール」であり、「なりわい」再定義は「プロセス」である。そして本書では2つの表現を意図的に使い分けている。本書のテーマが『「なりわい」革新』、であるのに対し、はじめにと第1章から第3章までのタイトルの書き出しが「なりわい」再定義となっているのは、そういった理由に

よる。

　本書で読者の皆さんにお伝えしたいことは、「なりわい」革新を行なった企業がDXの進展する、ゲームチェンジの激しい市場でいかに成功しているか、という後付けのサクセスストーリーではない。日本を代表する9社の企業がなぜ、そしてどのようにして「なりわい」再定義にチャレンジしているか、また「なりわい」再定義を行う「プロセス」の中で共通の成功法則があるとしたらそれは何なのかを探る、現在進行形の、リアリティ感の強いストーリーなのである。

　第1章の「リーン・スタートアップ」の項目で説明した通り、DX時代、成功の反対は「何もしないこと」だ。なるべく早く失敗し、失敗から学習し、アジャイル（迅速）に改善を繰り返す態度こそ重要だ。仮にある企業のチャレンジが現時点で事業成果に結びついていなかったとしても、安易にその成否を判断することは厳に慎むべきであろう。

　以上、5つの素朴な疑問に対する回答で、読者の皆さんの「なりわい」についてのさまざまな疑問が完全に払拭できたことを期待する。

　続いて「なりわい」再定義の背景とパターンへと入っていこう。

なぜ企業は「なりわい」再定義をしないと生き残れないのか

DXは企業に「なりわい」革新を迫る破壊力を持つ

DXとは「企業が避けては通れないデジタル技術による業務やビジネスの変革のこと」だ。つまり、企業の「なりわい」はもちろんのこと、企業で働く従業員の「働き方」をも変革させる破壊的な力の源になっているというのが、アップデートされたDXの定義である。

2004年にスウェーデン・ウメオ大学教授のエリック・ストルターマンが初めて「デジタルトランスフォーメーション」の概念を提唱した時、それは「ITの浸透が人々の生活をあらゆる面でより良い方向に変化させる」という極めて穏健な内容だった。

[図8]はCES 2019で主催者のCTA（全米民生

技術協会：Consumer Technology Association）がプレス向けに発表した「テクノロジートレンドの戦略的推移」と題されたDXの変遷を表す年表である。2000年頃に始まった「デジタル機器の時代」は、2010年代にはSNSをプラットフォームにした「コネクテッドの時代」に移り、2020年前後からはAIやIoTを駆使した「データの時代」に突入していることがわかる。

2004年の段階で（まだ「デジタル機器の時代」の前半だ）ストルターマンがDXの破壊的なインパクトとその影響が及ぶ範囲を十分に予見できなかったとしても、ある意味、仕方がなかったと言える。2010年代から「コネクテッドの時代」に入り、変化の質・規模とスピード感が加速度的に増したことは私たちの記憶に新しい。

経済産業省が2019年7月に定めた『「DX推進指標」とそのガイダンス』では、「企業

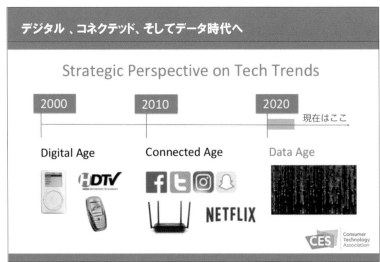

図8
出典：CES2019の主催者CTAによるプレス資料
CTAマーケットリサーチ部門スティーブ・コーニングによる

がビジネス環境の激しい変化に対応し、データとデジタル技術を活用して、顧客や社会のニーズを基に、製品やサービス、ビジネスモデルを変革するとともに、業務そのものや、組織、プロセス、企業文化・風土を変革し、競争上の優位性を確立すること」と定義されている。

この章の冒頭で述べた通り、DXの影響が及ぶ範囲を企業の「なりわい」の側面だけでなく、EX（従業員体験）と紐づく組織運営や組織文化にまで拡張したことを注意深く確認しておこう。

ヒトやモノなど「何もかもがコネクトされる」ようになり、膨大なデータが行き交うことで、企業の稼ぎ方だけではなく、従業員の「働き方」までもが大きく変わる時代。チャンスとピンチは裏表の関係である。企業にとっては大きなゲームチェンジが起きる中、迅速かつ的確に対応し、「なりわい」革新に成功すれば事業成長の大きなチャンスになりうるだろう。逆に世の中やお客さまが求める価値とのズレに気がつかず、いつまでも立ちすくんだままであれば、生き残りすら難しいピンチの状態にあっという間に追い込まれるのだ。

それでは、DXが進展することで、具体的に日本で起きる（またはすでに実際に起きている）ゲームチェンジはどのようなものなのだろうか。DX時代に企業の「なりわい」変革が求められる背景と関係が深いと思われる事象を4つに集約して解説する。

その4つの事象とは「モノやサービスの同質化と成熟化」、「お客さま体験（CX）はO2OからOMOへ」「SNSによるお客さま体験（CX）の可視化と共有・拡散」、そして「ビジネスモデルの出現と多様化」である。

DXが引き起こしたゲームチェンジ❶ モノやサービスの同質化と成熟化

DXが引き起こした最も身近なゲームチェンジは「モノやサービスの同質化と成熟化」があっという間に進んだことだ。

「同質化」とは「企業がつくり出すモノやサービスに差がなくなること」、「成熟化」とは「市場に新規のお客さまがいなくなること」を意味する。

モノやサービスに対する需要が供給よりも多かった時代、日本でも1980年代終わりのバブル経済崩壊くらいまでは、企業がプロダクト価値（モノやサービスの機能的な価値）やイメージ価値を訴求することでブランドの差別化を行うことは比較的、容易だった。言葉を換えれば、マス広告が企業のプロモーションとして極めて効果的な時代だったと言える。

しかし、2000年代に入り、DX時代に突入すると風向きが変わり、市場の「同質化」（製品やサービスがどれも同じ）と「成熟化」（新規のお客さまがいない）が同時に進行して、ブランドの差別化が一気に困難になったのである。

このことは2つのことを示唆する。ひとつ目は「同質化」と「成熟化」を放置するとモノやサービスのコモディティ化が進み、際限のない価格競争に陥ってしまうリスクを含んでいることだ。事実、日本ではこの時期にメーカーから大手流通（GMS・CVS）へのパワーシフトが顕著に起きた。

そして二つ目は、企業が「同質化」と「成熟化」から脱却するためには、ブランドの価値体系としてはプロダクト価値やイメージ価値よりもさらに上位のブランド体験（CX）価

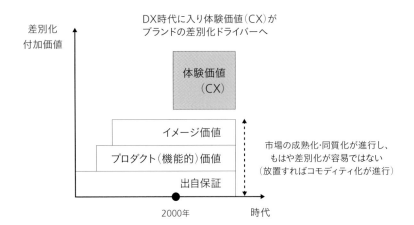

図9 DXが引き起こしたゲームチェンジ①「同質化」と「成熟化」

値にマーケティングの軸足を移さざるを得ないということである［**図9**］。

　わかりやすい事例として、モバイル通信業界のケースを見ていこう。モバイル通信業界では2012年に空前のスマートフォンブームが起き、従来のガラケーからスマートフォンへの買い替えが一気に進んだ。しかし、2014年に入ると早くも「同質化」と「成熟化」の傾向が強まり、差別化によって新規のお客さまを獲得することが困難な状況に陥った。

　つまりこの時点で「iPhone販売」「料金プラン」「音声通話定額」「学割など若者向け優遇サービス」「4G LTEの通信ネットワーク」「光回線サービス」など主要なサービスの項目において、ドコモ、au/KDDI、ソフトバンクの大手3キャリアの差異はほぼなくなってしまったのである。

　au/KDDIが経営主導でショップを中心としたお客さま体験（CX）の刷新に注力するとともに、お客さまの楽しい毎日をコーディネートする「ライフデザイン」業への「なりわい」再定義を模索し始めたのはまさにこの時期である（詳しい経緯については第3章の企業

インタビューで詳しく取り上げる）。

　モバイル通信サービスのコモディティ化とMVNO（仮想移動体通信業者：格安スマホや格安SIMのサービスを提供している通信業者）の乱立による価格競争、第4の勢力としての楽天モバイルの業界参入、首相官邸や総務省によるドコモ、au/KDDI、ソフトバンクの大手3キャリアへの再三の値下げ要請など、その後のモバイル通信業界の事業環境の激変は「同質化」と「成熟化」の同時進行と極めて強い因果関係にある。

　ここで見落としてはならないのは、かくも急速に「同質化」と「成熟化」が進展した、その根本原因であろう。それはとりもなおさず、「OSの標準化」と「部品のモジュール化」という技術的イノベーションと深いつながりがある。国内市場だけを見て各キャリアが独自の仕様でモバイル端末を設計・販売していた時代とは大きく異なり、OSと基幹部品を握るごく限られたグローバルプレイヤーだけが勝ち組（OSではグーグル、アップル、部品ではサムスン、ソニーなど）になり、その他多数（通信キャリア企業、スマートフォンメーカーな

ど）が追い詰められていくリスクを負うことになる。

さらに興味深いのは、このモバイル通信業界で起きている現象が、4K/8Kテレビや自動運転などの別のハイテク領域にも飛び火しているという事実だ。例えば、グーグルは4K/8Kテレビは生産していないが、標準OSとしてソニーや韓国のLG、サムスン、中国のハイアールやTCLなどが開発した4K/8Kテレビにビルトインされることで安定的な収益を得るとともに膨大な顧客データを収集することができる。同じく、グーグルの親会社アルファベット傘下のウェイモは自動運転車の生産はしていないが、自動運転のAIプラットフォーム（ソフトウエア）、ADAS（先進運転支援システム）やLiDAR（光による検知と測距）と呼ばれるセンサーを開発して、メルセデス・ベンツ、ルノー、FCAなど複数の有力なパートナー企業にシステムごと供給することで業界のフィクサーになることを目論んでいる。

仮にモノ（ハードウェア）としての4K/8Kテレビや自動運転に対応したEVがコモディティ化したとしても、グーグル（と傘下のウェイモ）は自社が創り上げたデファクトスタンダード（事実上の標準）、「OSの標準化」と「モジュール化された部品」を押さえれば勝ち組であり続けられるわけだ。

結局のところ、モノやサービスの「同質化」と「成熟化」の行き着く先は、「一強多弱」のゲームルールであると言えるだろう。これは多くの日本企業が直視したくない不都合な真実かもしれない。

DXが引き起こしたゲームチェンジ❷
お客さま体験はO2OからOMOへ

ここ数年、スマートフォンのアプリ、スマートウォッチのようなウェアラブル端末やAIスピーカーなどの普及によって、これまでデジタルのコンタクトポイント（接点）がなかったオフラインの空間でも企業とお客さまがOne to Oneでつながることが可能になった。この影響が「O2OからOMOへ」という形でお客さま体験（CX）にも大きな変化を起こしている。

従来はWEBサイト（Online）に誘引したお客さまに対しクーポンなどの優待サービスを提供することでリアルの店舗（Offline）に送客する、またはスマートフォンでリアル店舗（Offline）の位置情報やセール情報をタイムリーにプッシュ配信することで、最終的にモノやサービスの購入に結びつけるという「Online to Offline（O2O）」戦略が主流だった。

それに対して「Online Merges with Offline（OMO）」は、オンラインとオフラインといった形で企業目線からコンタクトポイント（接点）を分けて考えるのではなく、徹底したお客さま目線でオン・オフのチャネルを境目なくスマートに融合し、より良いお客さま体験（CX）を提供していこうとする戦略である。

2017年末に中国・北京のベンチャーキャピタル、シノベーション・ベンチャーズの李開復（リ・カイフ、2009年までグーグルの中国部門のトップを務めた）が提唱した概念とされていることからもわかるように、スマートフォン社会が確立した中国でいち早く導入が進んだ、という経緯がある。

OMOの日本での導入事例として、本書で取り上げる企業事例の9社には含まれていないが、北九州を拠点とする航空会社のスターフライヤーが最上級会員向けに導入している「STARFLYER スマートフォンアプリ」を使ったサービスが知られている。

従来、航空会社はお客さまに対してはオントラベル（空港と機内）でしか接客サービスができなかった。しかし、このアプリを活用することでお客さまのオフトラベルの期間、予約から旅行当日の空港カウンターでのチェックインまでのビフォーの時間、さらには目的地の空港に到着してからのアフターの時間にもコンタクトポイント（接点）を持ち続けることが可能になった。具体的にはアプリを通じて、魅力的な優待サービスのオファー、例えば、傘やスマートフォン充電器の無料貸し出し、提携先のレストランやショップでの優待サービスなどをお客さまの気持ちに寄り添う形でタイムリーに提供できるようになったのである。

お客さまのオントラベルからオフトラベルの体験にまでシームレスな形で目を配り、情報のサービスやモノの提供を通じて快適なお客さま体験（CX）を提供することにより、スターフライヤーの「なりわい」はA空港からB空港までの空の移動をサポートする「航空旅客」業ではなく、お客さまの旅行体験を豊かにする「旅全体のおもてなし」業へと進化を遂げるはずだ。

ちなみにスターフライヤーは全社をあげてCX活動の取り組みに熱心であり、JCSI（日本版顧客満足度指数）の国内航空の部門では11年連続で顧客満足度NO.1に輝いている。

お客さま体験（CX）の変化で最近、注目される日本国内の動向は「売らない店舗」の展開だ。

「売らない店舗」とはレジ・販売員や商品の在庫を持たず、商品の体験（ハンズオンや試着）に特化した店舗のことをいう。「売らない店舗」でお客さまに体験してもらったあと、実際の購買や注文はネットで行い、後日、商品がお客さまの自宅に配送される仕組みである。

お客さまは売らんかなの店員からの干渉を気にすることなくショッピング体験に集中でき、しかも欲しい商品の在庫切れリスクも心配無用だ。

東京・新宿のマルイ（新宿マルイ本館と新宿マルイアネックス）は新しい業態として「デジタル・ネイティブ・ストア」を指向し、アップル新宿、b8ta（ベータ）、ファブリックトウキョウ（スーツ）、ワコムブランドストアなど複数の「売らない店舗」をテナントとして

図10 「売らない店舗」日本国内での主な展開事例

ブランド	店舗名	オープン	場所	特徴
Wacom	ワコム直営店「ワコムブランドストア」	2018年11月26日	新宿マルイアネックス	クリエイター向け液晶ペンタブレットを試すことに特化した体験型ショップ。新宿マルイアネックスに出店したのはアニメイベントを頻繁に開催していること、画材などを扱う世界堂新宿本店に近いというお客さまの利便性や利用シーンを考慮したことによる。
b8ta	b8ta（ベータ）*マルイグループはb8ta Japanに出資	2020年8月1日	新宿マルイ本館	b8taは2015年に米サンフランシスコ郊外のパロアルトでオープンしたRaaS（リテール・アズ・ア・サービス）のパイオニア。企業の実店舗への出店を手軽なものとし、お客さまに世界中のイノベーティブな商品を発見、体験できる場をサブスクリプション型で提供。
GU	GU STYLE STUDIO 原宿	2018年11月30日	原宿クエスト	ファーストリテイリング初のショールーミング型店舗。お客さまが商品についたQRコードを読み取ると、専用アプリに買いたい商品が表示され、購入を決定するという仕組み。お客さまが購入した商品は最短翌日に自宅に配送される。
IKEA	イケア原宿	2020年6月8日	ウィズ原宿	イケアの都心型ショップ。店内に揃えられる家具は約1000点。気に入った商品は専用アプリで購入でき、後日自宅に配送されるのが郊外型の店舗との大きな違い。約900点の商品は持ち帰りも可能。スウェーデンカフェ＆コンビニも併設。

戦略的に配備している。

「売らない店舗」は［図10］のように新宿の
マルイ以外にも、GU STYLE STUDIO 原宿、
イケア原宿（ともに東京・原宿）でも増殖中だ。
また大手百貨店でも、J・フロントリテイリ
ング傘下の大丸松坂屋が「売らない店舗」を
始めることを2021年9月末に発表した。

「売らない店舗」については、米国のD2C
（Direct to Consumer）ブランドであるボノボ
ス、エバーレーン（ともにアパレル）、ワー
ビー・パーカー（眼鏡）など、デジタルネイ
ティブ世代（ミレニアル世代後半やZ世代）から
熱い支持を集めているネット通販企業が、ブ
ランドの世界観の共有や商品のトライアル
（試着）のために数を絞り込んで展開したブラ
ンドショップやポップアップ店舗にそのルー
ツがある。

徹底したお客さま目線、お客さま体験（CX）
志向でオン・オフのチャネルをシームレスに
融合し、より良いお客さま体験を提供してい
こうとする戦略がベースにあることを考える
と「売らない店舗」は「新しいタイプの
OMO」とも呼ぶべき打ち手ではないかと考
えられる。

DXが引き起こしたゲームチェンジ❸
お客さま体験の可視化と共有・拡散

DXが引き起こしたゲームチェンジの3つ
目は「お客さま体験の可視化と共有・拡散」
である。2004年にフェイスブックが、2006
年にツイッターがサービスを開始し、2010
年になると日本でもユーザーベースが一気に
拡大した。

ちなみに日本国内におけるSNSのMAU

（Monthly Active Users）は多い順に、LINEが約
8800万、ツイッターが約4500万で、以下、
インスタグラム約3300万、フェイスブック
約2600万、ティックトックが約950万とい
う順で続く（2021年上半期現在）。

SNS登場以前の時代は、個人の体験は主に
口コミやメール、ブログなどでしか広がらな
かった。しかし2010年頃を境目に個人の体
験がツイッターやフェイスブックなどSNSを
通じてものすごい規模と勢いで、しかもテキ
ストだけでなく写真や動画の形で可視化され、
世界中に共有・拡散されるようになった。
「個人の体験が一瞬にして集団の体験になっ
てしまう時代」が到来したのである。

このことはDX時代の企業のマーケティン
グのあり方を大きく変えることになった。

DX時代に突入する2000年以前はモノや
サービスを不特定多数のお客さまに売り切る
ことが企業のゴールであった。当時はまだマ
ス広告が有効に機能したので、企業内部の戦
略の建て付けが多少バラバラでも、パーチェ
ス（購買）ファネルの口径が巨大であるがゆ
えに、鯨が魚の群れを海水ごと飲み込むがご
とく多くのお客さまを獲得し、囲い込むこと
はさほど難しくはなかった。

しかし、DX時代以降、状況は一変した。
「DXが引き起こしたゲームチェンジ❶ モノ
やサービスの同質化と成熟化」で見たように
「同質化」「成熟化」が進んだ結果、企業はモ
ノやサービスのプロダクト（機能）価値やイ
メージ価値でお客さまを引きつけることが困
難になった。必然的に企業が構えるパーチェ
スファネルの口径が縮小し、獲得できるお客
さまの数が限られるようになったのである。

この状況を企業が打開するにはどうしたら
良いか？　それは獲得した数少ないお客さま

図11 DX時代のゲームルール『ダブルファネル』

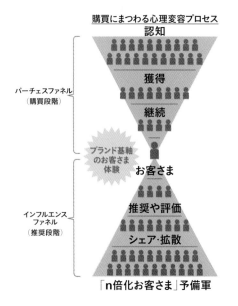

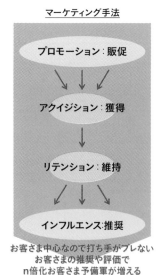

を大切に囲い込み、育むことだ。お客さまに感動体験を提供することでロイヤルティを高めるとともに、ブランドのファン、プロモーター、エバンジェリスト（伝道者）になってもらい、お客さまの自発的な推奨やポジティブな評価によって新規のお客さま予備軍を増やしていく、という「ダブルファネル」のアプローチが最も合理的である ［図11］。

お客さまに感動体験を提供し続けるためには、企業の従業員が「理念」への共感と新たな「なりわい」実現の意欲を共有し、組織の枠組みや階層を超えて協働するインターナルの取り組みが必要であるので、そこには大きなエネルギーとある程度の時間が必要である。しかし、いったんロイヤルティの高いお客さまの推奨の力で新規のお客さまを持続的に増やしていく拡大再生産のモデルを構築できれば、企業は広告宣伝費をほとんど負担することなく、持続的に売上を増やすことが可能になり、企業活動トータルで見た場合、マーケティングの効率は大幅に改善される。

一般に上位20％のロイヤルなお客さまが、企業の売上の80％に貢献していると言われ

ている（「パレートの法則」）。このことは、DX時代、市場シェアを追い求めるのではなくお客さまの生涯価値（LTV）を重視していかなければならないことを示唆している。

企業が陥りがちなミスは、パーチェスファネルの口径が狭くなったことに焦り、いたずらに新規のお客さまを追い求めて疲弊してしまうことである。しかし、一般に新規のお客さまの獲得コストは既存のお客さまの5倍かかるだけでなく（1：5の法則）、逆に既存のお客さま離れを5％改善することで利益が最低25％も改善する（5：25の法則）ことが知られている。

「なりわい」という言葉の語源が農業の営みにあることを思い出してほしい。獲物が少ない原野では成果が不安定な狩猟では多くの人口を賄えない。生き残りのためには大事な作物を手塩にかけて育み増やす農耕的なアプローチが重要になる。

DX が引き起こしたゲームチェンジ❹
ビジネスモデルの出現と多様化

　ゲームチェンジの最後は「ビジネスモデルの出現と多様化」である。DX時代の黎明期、2000年前後には数多くのIT企業が誕生した。主な企業と創業年を古い順に上げていくと、アマゾン 1994年、ネットフリックス 1997年、グーグル 1998年、フェイスブック 2004年、YouTube 2005年、ツイッター 2006年……となる。

　そして「ドットコム・ブーム」とも呼ばれたIT企業の勃興は、インターネット以前の1985年にマイケル・E・ポーターが『競争優位の戦略』（ダイヤモンド社 土岐坤 他訳）で提唱したバリューチェーン（価値連鎖）の考え方では表現できない、複雑で多様なビジネスモデルを次々に誕生させた。

　さらに1998年、米連邦高裁が新規のビジネスモデルに特許を認めたことがこの流れに拍車をかけた。結果的に「新たなビジネスモデルの出現とその多様化」が成熟した大企業の「なりわい」革新を引き起こす直接的なトリガーになった。

　DX時代に新しく誕生したビジネスモデルの中で代表的なものを紹介していこう。

　まずDX時代の最初と中盤、すなわちデジタル機器の時代（2000年代）とコネクテッド時代（2010年代）に誕生したモデルは以下の5つである。

- **アンバンドル**…お客さまビジネス、製品ビジネス、インフラビジネスを分割し分社化するビジネスモデル。航空会社やモバイル通信会社が格安サービスの会社を分社化し

たり、銀行がリテール部門のサービスの一部をデジタル化して別会社として切り出したりするケースが代表的である。

- **ロングテール**…ニッチ製品の品揃えを充実させ、小さな売上を集めて大きな利益をあげるとともに既存の企業に対して競争優位を発揮するビジネスモデル。ネットフリックスはレンタルビデオ業界を駆逐し、アマゾンや楽天は既存の大手小売業を追い詰めている。クラフトビールの「よなよなエール」で名高いヤッホーブルーイング（詳細については第3章参照）は地ビールブームが去った2000年代前半に既存流通チャネルでの売上が低迷し窮地に陥ったが、「楽天」でのネット通販に本腰を入れた2004年以降、お客さまと直接取引することが可能になり、イベント活動などを通じてファンとの絆を直接強めることで安定的に売上を伸ばせるようになった。

- **マルチサイドプラットフォーム**…複数のお客さまグループをつなぎ合わせ、交流を促進することで価値を生み出すビジネスモデル。グーグルやフェイスブックは無料のサービスでお客さまを集め、それらのお客さまにアプローチしたい企業から広告料を得ている。カード会社も利用者であるお客さまとネット通販会社、小売店などの取引データをつなげて手数料を獲得している。

- **フリーミアム**…ある一定の水準までは無料オファーの恩恵を継続的に受けられるビジネスモデル。日経電子版などオンライン新聞、オンラインゲーム業界は早い段階からフリーミアムで有料のお客さまを獲得することに成功している。コロナ禍で利用者が急増したオンライン会議システムのZoom

図12 DXが引き起こしたゲームチェンジ④「ビジネスモデルの多様化」その1〈デジタル・コネクテッド時代〉

ビジネスモデル	概念図	解説と企業事例
アンバンドル	事業A 事業C 事業B アンバンドリング	お客さまビジネス、製品ビジネス、インフラビジネスを分割し、分社化する〈例〉みずほフィナンシャルグループとジェイスコア、エアライン業界のFSC（フルサービスキャリア）とLCC（ローコストキャリア）
ロングテール	販売数 ロングテール TOP 20% 商品数	ニッチ製品に特化し、小さな売上を集めて大きな利益をあげる〈例〉ヤッホーブルーイング、ネットフリックス、アマゾン、楽天
マルチサイドプラットフォーム	企業 お客さま 交流を促進させる お客さま	複数のお客さまのグループをつなぎ合わせ、交流を促進させることで価値を生み出す〈例〉グーグル、フェイスブック、VISA、ビデオゲーム業界（ソニープレイステーション、任天堂Wii）
フリーミアム	有料で高付加価値サービス ニーズの顕在化 無料コンテンツ ブログ記事／無料の電子書籍／無料のオンラインセミナー 裾野の拡大	一定の水準までは無料オファーの恩恵を継続的に受けられる〈例〉日経電子版などオンライン新聞、オンラインゲーム業界、ZoomやWebexなどのオンライン会議システム
オープンビジネス	アイデア 技術 共感 コラボレーション イノベーション	他のパートナーと継続的にコラボレーションして価値を創り出す〈例〉ユニクロの有明プロジェクト、トヨタのウーブン・シティ、P&Gのライフラボ

やWebex（シスコシステムズ）もこのモデルを採用している。無料オファーと有料のラインをどう設定するかが成否の鍵を握る。

• **オープンビジネス**…社外の他のパートナー企業と組織的にコラボレーションして価値を創り出すビジネスモデル。ユニクロがアクセンチュア、グーグル、東レ、倉庫業のダイフクと組んで展開する「有明プロジェクト」、トヨタが軸になり推進するスマートシティの実証実験都市「ウーブン・シティ（Woven City）」はオープンビジネスで推進されている。最近増えてきているのは「X-Tech」への取り組みである。成熟した大企業がスタートアップと提携して「なりわい」革新を図る、みずほフィナンシャルグループのデジタルバンキングへの取り組みやP＆Gの「ライフラボ」のようなパターンである。

一方で本格的に「データ時代」に突入した2020年前後からAIやIoTが生活やビジネスの現場に入り込むことで、さらに新しいビジネスモデルが勃興しつつある。よりきめ細かく

お客さまのニーズに対応するだけでなく、AIによるビッグデータの解析によってお客さまの近未来の体験の予測や改善提案が可能になったからである。代表例をこれも5つ挙げよう。

• **マスカスタマイゼーション**…お客さまの細かい要望やニーズを生産現場と結びつけ、きめ細かく対応するビジネスモデル。最近、話題になったのはアディダスの「スピードファクトリー」（2017年）だ。自動化とIoTを武器に3Dプリンターを使って短時間でスポーツシューズのマスカスタマイゼーションを行う工場をドイツと米国に設置し「インダストリー4.0」ともてはやされたが、残念ながら2019年11月に閉鎖が発表された。アディダスに比較すると小規模だが、ユニクロのTシャツのカスタマイズサービスの「UNIQLO CUSTOMIZE」（2021年1月末に終了。一部店舗では「MY UNIQLO」というサービスを継続）、「売らない店舗」で知られるメンズスーツのD2Cブランド「ファブリックトウキョウ」はこのモデルである。

図13 DXが引き起こしたゲームチェンジ④「ビジネスモデルの多様化」その2〈データ時代〉

ビジネスモデル	概念図	解説と企業事例
マスカスタマイゼーション		お客さまの要素・ニーズを生産現場と結び、きめ細かなカスタマイズに対応する 〈例〉UNIQLO CUSTOMIZE（終了）、ファブリックトウキョウ（スーツ）、アディダスの「スピードファクトリー」（終了）
カスタマーオペレーション・モニタリング		センサー技術によりお客さまの利用状況をリアルタイムで把握し、故障の予知や利用方法の改善提案などを行う 〈例〉損保ジャパンのスマイリングロード（自動車保険）、コマツのKOMTRAX（コムトラックス）
スマートプロダクト		AI技術により製品自体が自律的に判断したり、学習によって成長できる機能を持つ 〈例〉アマゾン・アレクサ、ルンバ980（掃除ロボット）
バリューエクステンション		お客さまのビジネスプロセスに入り込み、課題解決のソリューションを提供する 〈例〉コマツのスマートコンストラクション、大和ハウス工業の次世代型物流施設、日立の社会イノベーション事業
スマートマッチング		リアルタイムに需要と供給のミスマッチを見つけ、最適につなげるサービスを提供する 〈例〉エアービーアンドビー、リフトのライドシェア、ウーバーイーツ

- **カスタマーオペレーション・モニタリング**…センサー技術によってお客さまの利用状況をリアルタイムで把握し、故障発生の予知や利用方法の改善提案を行うビジネスモデル。BtoBではお客さま企業の効率改善による成果の一部がフィーとして支払われることもある。損保ジャパンが展開する「スマイリングロード」と呼ばれる自動車保険、コマツの機械稼働管理システム「KOMTRAX（コムトラックス）」（ともにこの章後半の企業事例で詳しく説明）、GEがジェフリー・イメルト時代に注力したインダストリアルインターネットが典型的な取り組み事例である。

- **スマートプロダクト**…AI技術により製品自体が自律的に判断したり、学習によって成長できたりする機能を持つビジネスモデル。アマゾン・アレクサやグーグル・ホームなどのAIスピーカーがその典型である。また、「軍事偵察ロボット製造」業から「家庭用掃除ロボット」業へと「なりわい」革新を果たした米アイロボット社の主力モデル・ルンバ900シリーズは複数のセンサーとAI

カメラを装備し、家の部屋の間取りや家具の配置などを学習して、掃除を繰り返すたびに効率的な掃除ができるようになる機能を備えている。

- **バリューエクステンション**…お客さまのビジネスのプロセスに入り込み、共創（協創）の形で課題解決のソリューションを提供するビジネスモデル。この後の企業事例で紹介するコマツのスマートコンストラクション、大和ハウス工業の次世代型物流施設のサービスはバリューエクステンションの典型的なケースである。AIやIoTといった最先端のデジタルテクノロジーだけでなく、価値創出のために働く人間（従業員）の営みも特に重要な成功要因となる。

- **スマートマッチング**…リアルタイムに需要と供給のミスマッチを見つけ、最適につなげるサービスを提供するビジネスモデル。企業は利用者側から手数料を、サプライヤー側からも登録料や手数料を徴収する。民泊サービスのエアービーアンドビー、ライドシェアのウーバーやリフト、コロナ禍

で需要が急拡大したフードデリバリーの
ウーバーイーツや出前館、フリマアプリの
メルカリは、スマートマッチングの成功事
例である。

DXが引き起こした4つのゲームチェンジには共通点と因果関係がある

　DXが引き起こした4つのゲームチェンジ、
すなわち「モノやサービスの同質化と成熟
化」、「お客さま体験（CX）はO2OからOMO
へ」「SNSによるお客さま体験（CX）の可視
化と共有・拡散」、そして「ビジネスモデル
の出現と多様化」を個別に見てきた。読者の
皆さんは4つの事象が「何もかもがコネクト
され、膨大なデータが行き交う」ことを発端
にして個別に独立して起きたのではなく、そ
れぞれの間の「共通点」や「因果関係」など
に気がつかれたことと思う。

　まずは4つのゲームチェンジの「共通点」
だが、「お客さま体験（CX）の抜本的な変革
が企業の生き残りを左右する」ということが
挙げられる。序章で紹介したCES 2015にお
けるシスコシステムズCEO（当時）ジョン・
チェンバースのショッキングな予言は、「今
そこにある現実」である。インターネットの
「発明」によって「何もかもがコネクトされ
る」ことで、地球上を飛び交うデータの総量
は飛躍的に増大し、社会システムも複雑化し
た。データを戦略的に利活用することでお客
さまを惹きつける魅力的な体験を提供できる
か否か。新しい環境に適応できず、過去の
「成功の罠」（サクセストラップ）に陥って「な
りわい」革新が進まない企業は淘汰され、早
晩、マーケットから退場を余儀なくされる。
特に最近はディスラプション（Disruption：破

壊的イノベーション）の厳しい側面も目につく
ようになっている。

　米国で2017年以降、バーニーズニュー
ヨーク、メイシーズ、トイザらスなど既存の
大手小売業がアマゾンに代表されるネット通
販事業者に次々と駆逐されてきた経緯（「デ
ス・バイ・アマゾン」）をつぶさに観察すれば、
それが日本企業にとっても単なる「対岸の火
事」ではないことに気づくだろう。

　しかも、コロナ禍によってDXによる変化
のスピードが一段と加速しており、企業に対
して変革の「待ったなし」を突きつけている
のも確かなようだ。対面式のイベントが中止
となり初の完全デジタル開催となったCES
2021では、主催者のCTAがメディア向けセッ
ションである「トレンドウォッチ」において、
「コロナ禍は、イノベーションを加速させる
最大のチャンスである」という趣旨の発表を
行った。同じくCES 2021の会期初日に基調
講演を行った米ベライゾンのCEO ハンス・
ベストベリも「新型コロナウイルスにより
DXは5～7年早まった」と述べているし、
マイクロソフトのCEO サティア・ナデラも
「2年かかるDXが2ヶ月で進んでいる」と発
言して注目された。

　コロナ禍でリモートワークが「ニューノー
マル」になってオンライン会議システムが急
速に普及したり、巣ごもり消費でネット通販
やネット動画配信に対する需要が飛躍的に高
まったりしたことを振り返れば、「なりわい」
を革新してお客さま体験（CX）の抜本的な変
革に成功した「勝ち組」企業と、失敗もしく
は未着手の「負け組」企業の格差がより鮮明
に際立ってくることは理の当然であろう。

　また、これら4つのゲームチェンジがDX
時代に企業の「なりわい」革新を迫る背景に

なっていると同時に、これらの間に「因果関係」が成立しているということも見落としてはならない。それは以下のようなストーリーに整理することができる。おさらいの意味も含めて見ていこう。

「モノやサービスの同質化と成熟化」が進行することで、企業はブランドの差別性を高めるために機能的な価値やイメージ価値からお客さま体験（CX）価値の創出にマーケティングの軸足を移さざるを得なくなる。しかも店頭や商品・サービスの利用時など単独のコンタクトポイント（接点）でのお客さま体験だけでなく、オンライン・オフラインを問わずお客さまのブランド体験を一気通貫した「お客さま体験はO2OからOMOへ」という発想を持たないと企業間競争を生き抜くことは難しい。しかしいったん、優れたお客さま体験（CX）の創出に成功すれば、お客さま自身の自発的な行動によって「SNSによるお客さま体験（CX）の可視化と共有・拡散」が期待できる。そしてこのことは必然的に企業がブランドの価値創造プロセスにいかにお客さまを積極的に組み込んでいくか（共創の仕組みづくりをどう構築するか）がビジネスモデルの大前提になることを意味する。したがって「ビジネスモデルの出現と多様化」においてはお客さまとの関係性をより強く、より長くする方向で発見と発明が繰り返されていくはずだ。

もっともビジネスモデルの賞味期限は永久ではない。ニッチ製品に特化し、小さな売上を集めて大きな利益をあげる「ロングテールモデル」がまさにそうであるように、どんな秀逸なビジネスモデルもやがては「同質化と成熟化」は免れない……。このような具合で4つのゲームチェンジは因果関係でつながりながら、絶えずぐるぐると回り続けることになる。企業はこの外部環境の絶え間ない変化に適応するため、お客さま体験（CX）の抜本的な変革を常に念頭に置いた上で自社の「なりわい」を定期的に見直す準備を整えておかなくてはならない、という図式が透けて見えるのではないか。

さらに突き詰めて考えれば、「なりわい」革新の活動を企業の内部で常に「ON」にしておくためには、すべての企業活動をお客さま主語で発想する組織文化の構築が重要であると言い切ることができる。『ビジョナリー・カンパニー』の著者のひとり、ジム・コリンズの「時を告げる預言者になるな。時をつくる設計者になれ」（企業が時代を超えて生存するためには傑出した一経営者に頼るのではなく、卓越した仕組みを生み出す組織能力が大切、という意味）という箴言はDX時代の今こそ極めて意味深いと言えるだろう。

DX時代、企業のイノベーションに関する先行研究

企業の競争優位の源泉は何か

　企業の具体的な「なりわい」革新の事例解説に入る前に、企業のイノベーションや競争優位をテーマにした先行研究を紹介しておくとともに、「なりわい」理論との明確な違いについても一応整理しておきたい。

　先行研究として取り上げるのは「ダイナミック・ケイパビリティ理論」（DC理論）、「両利きの経営理論」、そして「ジョブ理論」の3点である。

ダイナミック・ケイパビリティ理論

　「ダイナミック・ケイパビリティ理論」は米カリフォルニア大学 バークレー校 経営大学院教授のデビット・J・ティースが1997年以降、今日まで提唱しているアプローチである。ダイナミック・ケイパビリティとは、環境や状況が激変する中で、変化に対応し、企業の内外のさまざまな資源（リソース）を組み合わせて「正しく」自己変革する潜在的な能力を指す。これらの能力に長けた企業は、適切なタイミングで新たな組織への変革を実現できるという考え方だ。
　ダイナミック・ケイパビリティのプロセスは、1）企業にとっての事業機会や脅威を察知する「センシング」（sensing）、2）察知し

た事業機会や脅威に対応してリソースを活用する「シージング」（seizing）、3）獲得した強みを持続可能にするために変容を続ける「トランスフォーミング」（transforming）に分解できる。そして、企業がダイナミック・ケイパビリティを実現するためには「分権化」（組織の上下関係が緩くフラットで協働する組織）と「自己組織化」（チャンスを見つけると俊敏に社内起業の形でビジネスが始まること）が鍵になる、という。

　また、「ダイナミック・ケイパビリティ理論」では組織の内外の経営資源を再結合・再構成する能力としてトップダウン型のリーダーシップに注目しているのが特徴である。

　「ダイナミック・ケイパビリティ理論」は先行する2つの理論、米ハーバード大学ビジネススクール 教授 マイケル・E・ポーターの「競争戦略論」とユタ大学 経営大学院 教授 ジェイ・B・バーニーの「資源ベース論」を基盤としながら、それぞれの短所を改善、アップグレードする形で成立した理論と受け止められている。

　よく知られているマイケル・E・ポーターの「競争戦略論」は、企業が置かれている市場を分析し、自社の競争優位を確立できる最適なポジションを見つけ出すための理論（ポジショニング理論）である。企業はこれを見極めるために、「売り手の交渉力」「買い手の交渉力」「競争企業間の敵対関係」「新規参入業者の脅威」「代替品の脅威」の市場の5つの

競争要因を分析する（5 Forces：ファイブフォース分析）。

　しかし、もしその時の市場の状況によって企業の最適なポジションが決まるのだとすると、同じ業界内で成功している企業は同じような戦略を取っているはずだが、実際はそのようになっていない。この批判を受けて立ち上がってきたのがジェイ・B・バーニーの「資源ベース論」である。

　「資源ベース論」は、企業は自社を取り巻くミクロな外部環境ではなく、自社が保有している固有の資源によって戦略を決定すべきであるという理論である。他社が真似できない、固有の資源にこそ競争優位の源泉があるという考え方に立っている。そして企業の内部資源を見極めるために「経済価値」（Value）、「希少性」（Rarity）、「模倣困難性」（Inimitability）、「組織体制」（Organization）の4つの観点から自社の持続的な競争優位を分析するアプローチを採る（それぞれの4つの英語の頭文字を取ってVRIO（ブリオ）分析と呼ばれる。最近では「組織体制」の代わりに「経営資源の非代替可能性」（Non-substitutability）が用いられVRIN（ブリン）と呼ばれるようになってきている）。

　しかし、後述する富士フイルムホールディングスの企業事例の中でも触れる米イーストマン・コダック社のように固有の資源に固執するあまり、市場の急速な変化を読みきれず、経営破綻した企業もあることを考えると「資源ベース論」にも限界があるということになる。つまり、「資源ベース論」は安定した環境下では有効な理論だが、企業が「なりわい」革新を求められるVUCAの時代、しかもハイパーコンペティションの常態化した状況では、必ずしも通用するとは限らない。企業の競争優位の源泉は固有の資源に宿るのではなく、環境の変化に対応して「ダイナミック

に」さまざまな資源を活用したり、結合したり、調整したりする「ケイパビリティ」（能力）にこそあるのだ、と考える方が理にかなっている。

　ざっと振り返ると、「競争戦略論」は企業の戦略は企業を取り巻く市場の環境（ミクロ環境）によって決定されるべきだとし、「資源ベース論」では企業の戦略は自社が保有する固有の資源によって決定されるべきだと説かれている。デビット・J・ティースの「ダイナミック・ケイパビリティ理論」は「センシング」のプロセスで「競争戦略論」の市場環境の分析を、「シージング」と「トランスフォーミング」のプロセスで「資源ベース論」の組織内外の経営資源の活用を、それぞれの理論の特徴を批判的に取り入れながら昇華させ、「経営者や組織の能力」という観点で「どうすれば企業はダイナミック・ケイパビリティを高められるか」という疑問に答えようとしていると解釈できるだろう。

両利きの経営理論

　「ダイナミック・ケイパビリティ理論」（DC理論）と並んで、最近、注目を集めているのが、米スタンフォード大学 経営大学院 教授のチャールズ・A・オライリーとハーバード・ビジネススクール名誉教授のマイケル・L・タッシュマンによる「両利きの（Ambidexterity）経営理論」である。2019年の2月に早稲田大学ビジネススクール教授・入山章栄の監訳・解説で『両利きの経営　「二兎を追う」戦略が未来を切り拓く』（東洋経済新報社）が出版されたことをきっかけに、日本でもその理論が広く知られるようになった。

　「両利きの経営」とはその名の通り、新た

な事業機会（市場）の発掘＝知の「探索」と既存の事業（組織能力）の深掘り＝知の「深化」とを同時にバランスよく行っていこう、という経営理論である。

「両利きの経営理論」の考え方に忠実な形でトヨタの「なりわい」革新のケースを見ていこう。トヨタが「創造や研究の精神」やトヨタ生産方式といった既存の資産や組織能力を使って新規の事業である、サブスクリプション型のカーシェアリングサービス「KINTO」の導入やドライバーが要らない（＝運転免許証を持たないお客さまでも利用できる）完全自動運転車「e-Palette」の開発を進めることは知の「探索」に相当する。一方で、主に組織能力を突き詰めることでコストダウンを実現したり、ハイブリッドカーのプリウスや燃料電池車（FCV）のミライのように、より燃費や環境性能の優れたクルマを開発・製造・販売する活動は知の「深化」であると定義づけることができるだろう。

一般的に企業には事業の成熟化に伴って既存事業の「深化」に偏っていく傾向があり、不確実性の高い新規事業の「探索」のアプローチはともすれば敬遠されがちになる。これによりイノベーションが起こらなくなる状況を、チャールズ・A・オライリーらは「サクセストラップ」（成功の罠）と呼んでいる。先述したイーストマン・コダック社は「サクセストラップ」に陥った典型的なケースであるとされる。「両利きの経営理論」においても企業のイノベーション活動を成功させるためには知の「探索」と知の「深化」を両立させる経営のリーダーシップが重要であることが繰り返し強調されている。

ちなみに「両利きの経営理論」についての注目度が高まるにつれて、「ダイナミック・ケイパビリティ理論」との共通点を見出しながら成功する企業の共通の本質を明らかにし

ていこうという新たな動きも出てきている。米カリフォルニア大学 バークレー校 経営大学院でデビット・J・ティースに師事した慶應義塾大学商学部 商学研究科 教授 菊澤研宗は『成功する日本企業には「共通の本質」がある』（2019年 朝日新聞出版）の中で、知の「探索」を担うのが「ダイナミック・ケイパビリティ」であり、知の「深化」を担うのが「オーディナリー・ケイパビリティ」（組織としての通常能力）に相当するという解釈を加えている。

ジョブ理論

最後に紹介する「ジョブ理論」は「イノベーションのジレンマ」を提唱し、2020年に亡くなった米ハーバード大学ビジネススクール教授 クレイトン・クリステンセンが中心となり20年以上にわたって積み上げられ提唱されてきた考え方である。

2017年に日本でも出版された『ジョブ理論』（ハーパーコリンズ・ジャパン クレイトン・M・クリステンセン他著 依田光江訳）によれば、顧客はある特定の商品を購入するのではなく、「進歩」をするために、それらを生活の中に引き入れるのだという。「ジョブ理論」ではこの「進歩」のことを顧客が片付けるべき「ジョブ」と呼び、「ジョブ」を解決するために顧客は商品を「雇用」するという比喩的な捉え方をしている。この考え方のベースにあるのは米ハーバード大学ビジネススクール教授 セオドア・レビット（「マーケティング近視眼」の発案者として知られている）が『マーケティング発想法』（1971年 ダイヤモンド社）の中で紹介している「人は4分の1インチのドリルが欲しいのではない。4分の1インチの穴が欲しいのだ」という有名な一節である。

つまり、顧客にとってドリルの「ジョブ」は、ドリルという商品ではなくて「4分の1インチの穴」なのであり、そのために顧客はドリルを「雇用する」のだ。

DXの進展でビッグデータの分析や活用は飛躍的に進んだものの、未だにイノベーションは運任せであることが多い。その理由は、顧客の過去の行動データの解析からは特定の顧客グループと商品との相関関係を見出すことができても、「なぜ」顧客がその商品を選択するのか根本的な因果関係のメカニズムはわからないままだからだ。企業が顧客の真の「ジョブ」を理解することで、既存事業においては顧客がどんな「ジョブ」を待っており、それを片付けるために自社の商品やサービスには何が足りないのかについて的確な改善案を考えることが可能になると同時に、新規事業においても成熟事業においても現状の商品やサービスで片付けられない顧客の「ジョブ」を探ることで、顧客に支持されるイノベーションを起こすことができるのである。また「ジョブ」に着目し顧客がその商品やサービスをなぜ買うのかという因果関係が明らかになれば、業界の垣根を越えた競合関係を明らかにすることも可能になるだろう。したがって、「ジョブ」を持続可能でブレないイノベーションの「北極星」と位置づけ、「ジョブを中心とした組織づくり」を行っていこうという企業に対する提言が「ジョブ理論」の結論となる。

「ジョブ理論」はお客さまへの共感をベースにしている点、中心主義や機能的価値よりも体験価値を重視するという点で、デザイン思考やカスタマーエクスペリエンス（CX）戦略に近いアプローチであると位置づけられる。

先行研究と「なりわい」理論との違いと共通点

ここまで欧米で進む企業のイノベーション研究を辿ってきたが、翻って私たちが提唱する企業の「なりわい」理論と先行する3つのイノベーション理論との大きな違いは何か?

まず、「ダイナミック・ケイパビリティ理論」「両利きの経営理論」との違いに関して言えば、企業がイノベーションを生み出すことによって競争優位を作り出すプロセスについての考え方が挙げられる。「ダイナミック・ケイパビリティ理論」と「両利きの経営理論」の共通の弱点（死角）があるとすると、それは成功の処方箋が（組織文化に根付いたルーティーン化された活動ではなく）「経営者によるトップダウン型のリーダーシップや経営者固有の企業家的マネジメント機能」という、至極ありきたりな結論にとどまっているところではないだろうか。「プロ経営者」が当たり前の欧米企業ではリーダーシップ論は受け入れられやすいかもしれないが、トップ経営者はもちろん、そもそもマネジメント人材自体の流動性が低い日本企業にとってはもう少し柔軟で多様性のあるソリューションが期待されているはずである。

一方、「ジョブ理論」では「ジョブ」をイノベーションの「北極星」と位置づけ、従業員が自律的に共通のゴールに向かって働くことで組織文化の基盤をなすと説いており、「なりわい」理論との類似性も感じさせる。しかし、企業の内部でインターナル活動の実務に関わった方々ならお気づきのように、従業員に経営のメッセージを「自分ゴト化」させ、その行動を変えていくのには相当なエネ

ルギーが必要であり、多くの場合、頓挫する
リスクも覚悟しなければならない。インター
ナル活動のプロセスは「ジョブ理論」で主張
されているように、ジョブが明確になれば変
革の「気運が自然に生まれる」というほど単
純なものではない。

それに対して私たちの「なりわい」の考え
方は、まず、企業がイノベーションを生み出
したいと考え、「なりわい」革新にチャレン
ジした際に羅針盤となるのが、企業の活動系
システムとしてのブランド資産、具体的には
ブランドの基本理念や「ありたい姿」（ブラン
ドビジョン）であるという明確な主張を持っ
ていることに大きな違いがある。

ブランド資産に基づいて企業が意思決定を
行うのであれば、経営者個人の力量や経営
トップとしての在任期間の制約を受けること
なく、経営者と従業員が同じゴールを共有し
ながら、イノベーションを達成できるはずで
ある。

違いとして次に強調しておきたいのは、イ
ンターナル活動である組織文化変革、「なり
わい」変革に直結する事業変革の活動（これ
はお客さま体験＝CX刷新でもある）を、別々では
なくて共に連関した活動であると捉えている
ことだ。特に「なりわい」革新の成否を握る
インターナルの活動については、私たちが
コーポレートブランディングの現場で培った
メソッドやノウハウを動員して（机上の空論で
はなく）現場で役に立つソリューションとし
て提示していることである。

カリスマ経営者の大志によって推進されて
いる「なりわい」革新の場合でも、また歴代
の経営者と従業員によって時間をかけて脈々
と行われる「なりわい」革新においても、イ

ンターナルの活動の重要性は同じである。第
3章のテーマともなるこの部分に新たな気づ
きや発見が凝縮されていると考えている。

同時に、組織文化変革の活動と事業変革の
活動の2つの活動のつながりについては『EX
とCXのツインリンクモデル』を提唱したい。
第3章ではその考え方を解説するとともに、
ヤッホーブルーイング、au/KDDI、SOMPO
ホールディングスの3社の企業の取り組みを
モデルに沿った形で紐解いていく。

日本企業が最近の欧米のイノベーション研
究の対象から外れてしまった原因として、
DX時代に入ってからの20年、日本において
はGAFAや中国のBATのように時価総額を飛
躍的に伸ばしたIT企業が出現しなかったとい
う事情は想像に難くない。したがって、私た
ちも先行研究との違いや「なりわい」理論の
優位点だけを強調するつもりはなく、日本企
業の「なりわい」革新の分析を通して、直近
の研究で指摘されてこなかった企業ブランド
基軸でのイノベーション創出について新たな
気づきや発見を提供できればと思う。

同時に先行研究との連続性という意味では、
チャールズ・A・オライリーらの「両利きの
経営理論」でも提示されている実務的なフ
レームワーク「イノベーションストリーム」
が、日本企業の「なりわい」変革の遷移プロ
セスを分析する上でも非常に有益なツールで
あることに気がついた。この後ご紹介する企
業事例の中でも「なりわい」革新の考え方に
なじむよう、アレンジさせていただいた上で
活用させていただくことにする。

「イノベーションストリーム」のフレーム
ワークを「なりわい」の考え方から解釈を加
えると以下のようになる。縦軸の市場の「探

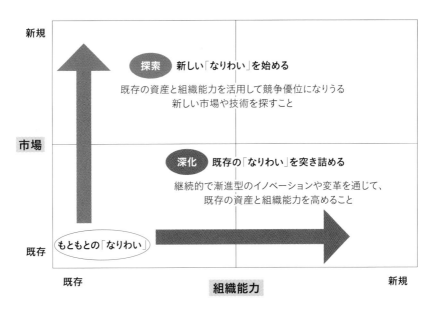

図14「イノベーション
ストリーム」のフレーム
ワーク（『両利きの経営』）

新規

市場

既存

探索 新しい「なりわい」を始める
既存の資産と組織能力を活用して競争優位になりうる
新しい市場や技術を探すこと

深化 既存の「なりわい」を突き詰める
継続的で漸進型のイノベーションや変革を通じて、
既存の資産と組織能力を高めること

もともとの「なりわい」

既存　　　　　　　　　　　　　　　　　　新規

組織能力

索」とは、企業が新しい「なりわい」を始め
ることを意味し、既存の資産や組織能力を活
用して競争優位になりうる新しい市場や技術
を探すことを示す。平たく言えば、新しいお
客さまに新規の商品やサービスを売れるよう
になることである。一方、横軸の組織能力の
「深化」は、企業の既存の「なりわい」を突
き詰めることであり、継続的で漸進型のイノ
ベーションや変革を通じて、既存の資産や組
織能力を高めることを示す。つまり、企業に
とって相手にするお客さまはほぼ同じではあ
るものの、デジタル技術などを活用すること
で既存の商品やサービスの提供の仕方（ビジ
ネスモデル）を変えて収益力を高めるように
なることを意味する［図14］。

　注目したいのは、「なりわい」の遷移のプ
ロセスだ。先ほど紹介したように、「両利き
の経営理論」によれば、成熟した大企業ほど
横軸の組織能力の「深化」にこだわり、リス
クが高い縦軸の市場の「探索」は敬遠されが
ちになるという。逆に「なりわい」遷移のプ
ロセスで最もハードルが高いのは、左下のも

ともとの「なりわい」の象限から、「深化」
と「探索」を同時に行うことで、右上の第1
象限へ、斜めに、一足飛びに上がることだ。

　再度、トヨタの事例を思い出してみよう。
トヨタはその長い歴史の中で「両利きの経
営」を行ってきたが、豊田章男社長が標榜す
る「モビリティ・カンパニー」業への「なり
わい」革新は「探索」と「進化」を同時に行
う、斜めの象限へ一足飛びなチャレンジの典
型的なパターンである。つまり創業家出身の
経営者・豊田章男社長の強力なリーダーシッ
プ（大志）によって、e-Palette構想、モネテ
クノロジーズ、ウーブン・シティなど対外的
にインパクトの強い戦略ロードマップをかな
りのスピード感を持って提示することによっ
てこれを実現しようとしている［p.50図15］（も
ちろん、市場の「探索」として KINTO に代表される
シェアリングサービスや、組織能力の「深化」によ
る次世代のクルマの開発も個別におこなっていて、
やがてそれらの活動は「モビリティサービス」とい
うゴールで一緒になる）。企業ブランドを基軸に
しながら、一気通貫した戦略により最短距離
での遷移を成し遂げようとしていることは第

トヨタの「イノベーションストリーム」

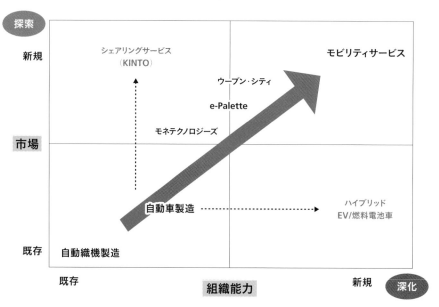

図15「探索」と「深化」を同時に行い、一足飛びで「なりわい」革新を行うトヨタ

1章で見てきた通りである。

　「なりわい」革新は市場の「探索」によっても、また組織能力の「深化」によっても起こりうる。だだし、大きな事業成果につながるためには「深化」だけではだめで「探索」と「深化」の両方がセットで必要になる。

　さらに非常に興味深いのは、これから見ていく企業の「なりわい」革新のパターンによって市場の「探索」と組織能力の「深化」の遷移の仕方に共通の特徴が見られることだ。

なぜその企業は「なりわい」革新に踏み切ったか

日本企業の「なりわい」革新のパターン

なぜ企業は「なりわい」革新に踏み切ったのか？　今回、研究対象となった9社のうち、富士フイルムホールディングス、ユニクロ、SOMPOホールディングス、大和ハウス工業、コマツ、みずほフィナンシャルグループの6社について、4つのパターンに分類してその理由や「なりわい」再定義のプロセスを詳しく見ていく。

あらためて紹介すると、4つのパターンと企業の分類については、「本業消失」＝富士フイルムホールディングス、「カリスマ経営者の大志」＝ユニクロ・SOMPOホールディングス、「再成長の事業イノベーション」＝大和ハウス工業・コマツ、「クロステック（X-Tech）への適応」＝みずほフィナンシャルグループ、のように行った。

市場の「探索」と組織能力の「深化」の兼ね合いで見ていくと、「本業消失」と「カリスマ経営者の大志」は両者を同時に、しかも

スピード感を持って実行する「一足飛び型」であり、「再成長の事業イノベーション」と「X-Techへの適応」は基本的に「探索」に成功した後に「深化」を行う「二段ロケット型」であると解釈できる。詳細については各パターンの最後に解説する。

早速、企業事例を見ていくことにしよう。

パターン❶ 本業消失：富士フイルムホールディングス

最初のパターン「本業消失」では富士フイルムホールディングスを企業事例として取り上げる。「本業消失」は「なりわい」を再定義するパターンの中でも最も深刻で、「待ったなし」の状態と言える。

厳しい事業環境の中、富士フイルムホールディングスはまず「写真関連製品製造」業からデジタルイメージング、ヘルスケア、高機

図16 日本企業の〈なりわい〉革新パターン

分類	〈なりわい〉革新パターン	企業事例
一足飛び型	本業消失	富士フイルムホールディングス
	カリスマ経営者の大志	トヨタ、ユニクロ、SOMPOホールディングス
二段ロケット型	再成長の事業イノベーション	コマツ、大和ハウス工業、au/KDDI、ヤッホーブルーイング
	X-Techへの適応	みずほフィナンシャルグループ

能材料、グラフィックシステム、光学デバイス、ドキュメントの6つの分野で「未来の価値を生み出す」業へと「なりわい」革新を果たした。

「未来の価値を生み出す」業は、富士フイルムホールディングスが主体的に発信していた言葉ではなく、2014年に同社の提供する新しいブランド価値を表すグローバルのコーポレートスローガンとして発信された「Value from Innovation」を私たちが解釈して言い換えたものである。ちなみに「Value from Innovation」は、富士フイルムホールディングスグループが目指す姿（ビジョン）の「オープン、フェア、クリアな企業風土と先進・独自の技術の下、勇気ある挑戦により、新たな商品を開発し、新たな価値を創造するリーディングカンパニーであり続ける。」がそのベースになっている。

その後、2021年4月中旬に「なりわい」に関して大きな動きがあった。2023年までの中期経営計画「VISION2023」において、将来性と収益性の観点からヘルスケアに企業の経営資源を集中し、「トータルヘルスケアカンパニー」を目指すことが明確に打ち出されたのである。

富士フイルムホールディングス

「写真関連製品製造」業から「未来の価値を生み出す」業を経て「トータルヘルスケアカンパニー」業へ

最近の欧米のイノベーション研究でも研究対象として取り上げられている日本企業・富士フイルムホールディングスの「なりわい」再定義の経緯は、以下の通りである。

DX時代の初期の「デジタル機器の時代」、デジタルカメラや携帯電話のカメラの急速な普及で当時の富士写真フイルム（当時）の経営の柱であった銀塩写真フィルムの市場規模が2000年をピークにわずか10年間で10分の1以下にまで縮小した。

経営の舵取りを担った古森重隆社長（当時）は余剰な設備や従業員のリストラを進める一方で、企業として新しい「なりわい」を確立する必要に迫られていた。

急速な写真のデジタル化によって銀塩写真フィルムの需要はほとんど消失したものの、富士フイルムホールディングスにとっての希望は社内に有形・無形の数多くの資産とそれを活かす組織文化があったことだ。

有形・無形の資産の中で最大のものは「銀塩写真フィルムの開発・生産で培った独自の先進技術」だ。銀塩写真フィルムはベースとなるフィルムの上に銀塩（ハロゲン化銀）を感光材として使用しており、赤、緑、青など色に反応する感光材はコラーゲン（ゼラチン）と水に溶かしてナノメートル（1ミリの100万分の1）レベルの薄さで塗り重ねられて生産されている。銀塩写真フィルムの開発・生産を通じて、光解析やコントロール技術、独自のナノテクノロジー、コラーゲン技術、抗酸化技術などハイレベルの基礎技術の蓄積が、富士フイルムホールディングスにはあったわけである。

さらに神奈川県の西部、開成町にある富士フイルム先進研究所には『融知創新』というフィロソフィーが継承され、富士フイルム・ブランドを象徴する組織文化として根付いていた。異分野の技術者の知識や思考アプローチを融合させて＝『融知』、新たな破壊的イノベーション・技術と価値観を創造し＝『創新』、新しい顧客価値を社会に提供する、と

化粧品も、薬もつくる。月面探査にも行く。富士フイルムは、生まれ変わった。

優れた成分と浸透性で美肌力を高めるスキンケア化粧品の開発。最先端のバイオテクノロジーを駆使した医薬品の研究。独自の画像技術で病気の早期発見に寄与する医療診断システム。スマートフォンやタブレットの可能性をひろげるタッチセンサーフィルム。フルカラーデジタル複合機によるビジネスソリューションサービス。印刷の常識を変える次世代インクジェットデジタル印刷機。月面探査に使われる宇宙専用レンズの開発。これらはすべて、写真フィルムや、関連する事業へ拡大する中から生まれたもの。富士フイルムはそれらの高度な技術を、細胞から宇宙にいたる幅広い分野へと展開し、独自性ある製品を次々と生みだしています。富士フイルムは、生まれ変わった。6つの事業領域で未来を動かす会社へ。私たちは、たえず変化するこの世界で、人びとが真に求めるものをつくってゆく。創立80周年を迎えた富士フイルムの新たな決意です。

6つの事業領域で。富士フイルムグループは、新しい価値をつくりつづける。

FUJIFILM
Value from Innovation

1 デジタルイメージング **2** ヘルスケア **3** 高機能材料 **4** グラフィックシステム **5** 光学デバイス **6** ドキュメント

80th Anniversary
Value from Innovation ── イノベーションを、こころ躍る未来を。

80周年記念の新製品・新施設

注：2014年1月20日、富士フイルムホールディングスの創立80周年を記念して日本経済新聞ほかに掲載された企業広告。「Value from Innovation」もこのタイミングで制定された。

いう考え方である。技術単体ではなく、複数の技術を組み合わせることで、内製によって銀塩写真フィルムに替わる画期的な製品（化粧品のアスタリフト、経鼻内視鏡、高感度インフルエンザ迅速診断システムなど）にチャレンジする土壌（精神性）が育まれていた。

写真［p.53上］は2014年に富士フイルムホールディングスが創立80周年を記念して日本経済新聞ほかに掲載した企業広告である。グローバルのコーポレートスローガン「Value from Innovation」もこのタイミングで制定された。富士フイルムホールディングスの「なりわい」革新がテーマになった画期的な企業コミュニケーションである。

BtoC（銀塩写真フィルム）からBtoB（デジタルイメージングやヘルスケアの一部を除く）へと向き合うお客さまは変わったが、「Value from Innovation」を旗印に「未来の価値を生み出す」業としての富士フイルムホール

ディングスの「なりわい」再定義の活動は今後も進化を続けていくという企業の意思が、古森重隆社長の肖像とともに力強く表明されている。

ちなみにこの時点では、ドキュメント領域を担うグループ会社・富士ゼロックス（2021年4月1日に富士フイルムビジネスイノベーションに社名変更）が富士フイルムホールディングス全体の売上高の約4割を稼ぎ、その屋台骨を支えていた。当の富士ゼロックス自体も、複合機の販売やメンテナンスといった旧来の「なりわい」からバリューエクステンション型のソリューションビジネスという新たな「なりわい」に転換しつつある時期を迎えていたことは違う意味でも興味深い。

富士フイルムホールディングスの「なりわい」革新の「前半戦」を振り返ってみて改めて強く感じるのは、「ダイナミック・ケイパ

ビリティ理論」や「両利きの経営理論」で提唱されている経営者の強力なリーダーシップに加えて、固有の内部資源を「なりわい」革新に結びつけることができる組織能力の高さである。経営トップだけでなく、従業員レベルで「変わること」への確固たる意思と危機感が共有されないと実のある改革には結びつかない。

それは2006年10月の持株会社化（富士フイルム・富士ゼロックスの2つの事業会社を傘下に収める）の時点で「富士写真フイルム株式会社」から「富士フイルムホールディングス株式会社」へと、まさに「本業」の「写真」を削除する社名（商号）変更を行っている点にも如実に表れている。社名変更は特許の書き換え、事業所の看板表記や販促物の差し替えなどに膨大な手間と費用がかかるものだ。新しい「なりわい」を確立するために、余剰の設備や人員のリストラも同時進行中という厳しい事業環境の中にもかかわらず、社名という最もシンボリックな識別要素を変更したことに企業の確固たる意思と危機感の強さを見出せるのではないだろうか。

一方、富士フイルムホールディングスが長くベンチマークにしてきた米イーストマン・コダック社（以下、コダック）は2012年1月に経営破綻し、破産法の適用を受けるに至った。当時のコダック社幹部は「デジタル技術がフィルムを上回るのはまだ20年はかかる」と公言し、企業の内部資源に対し自信過剰に陥った結果、デジタル技術の進化のスピードの速さを見誤って破滅の道を歩むことになった。

1880年、創業者ジョージ・イーストマンが写真用乾板の商業生産を開始し、1935年には35ミリカラーフィルム「コダクローム」を発売するなど、世界を代表する銀塩写真フィルムの会社として長く世界に君臨したコダックではあるが、2001年の段階ではこの業界の世界的リーダーとして富士フイルムホールディングスと互角だった（当時の富士フイルムのシェアは37%、コダックは36%）。繰り返しになるが、コダックは過去の成功体験が強すぎるあまり、「サクセストラップ」（成功の罠）に陥り、経営の舵取りのスピード感が鈍って「なりわい」再定義の気運が生まれなかったのである。

「『唯一無二のヘルスケアカンパニー』を実現する」。2021年4月中旬、富士フイルムホールディングスは古森重隆会長 兼 最高経営責任者（CEO）から経営を引き継ぐことになった次期社長の後藤禎一取締役が2023年までの中期経営計画「VISION2023」の記者発表の席上で高らかにこう宣言した。富士フイルムホールディングスにとって、まさに「なりわい」革新の「後半戦」がスタートしたのである。

2014年の企業広告の中で取り上げられた6つの「未来の価値を生み出す」業、具体的には、デジタルイメージング、ヘルスケア、高機能材料、グラフィックシステム、光学デバイス、ドキュメントの各事業のうち、主に将来性と収益性の観点から医療分野であるヘルスケアを選択し、経営資源を集中させることが明確に示された。

2008年に富士フイルムホールディングスが富山化学工業（現在の富士フイルム富山化学。新型コロナの治療薬の候補としても注目された抗インフルエンザウイルス薬アビガンで有名）を買収し医薬品に本格参入した当時のヘルスケア関連の売上高は3000億円規模に過ぎなかったが、2020年度には5500億円規模にまで伸び、全体の2割強を占めるまでに成長してきた。「VISION2023」では2020年代半ばのヘルス

ケア分野の売上高1兆円に向けて、全体2.7兆円の売上目標のうち32%の8600億円をヘルスケア関連で稼ぎ出す目論見だ。

　富士フイルムが今後、ヘルスケアで手がける領域は、MRI（磁気共鳴断層撮影装置）やCT（コンピュータ断層撮影装置）などの画像診断機器、バイオ医薬品の開発・製造受託(CDMO)、創薬支援、再生医療など多岐にわたる。「唯一無二の」と後藤禎一新社長が力を込めるのは、単に規模を求めるだけでなく、多様な事業展開でシナジーを生み出せるという狙いがあってのことであると推察される。

　「VISION2023」発表の直前、2021年3月末には日立製作所から画像診断機器の事業を1790億円で買収し、「唯一無二のヘルスケア」業へ向けて決意表明を示すシンボリックな先行投資を行った。しかし、この分野だけでもグローバルでは売上高ベースで独シーメンス・ヘルシニアーズ、米GEヘルスケア、蘭フィリップスがそれぞれ20%強のシェアを握り、富士フイルムホールディングスとは

大きな開きがあることも事実だ。富士フイルムホールディングスにとって「なりわい」革新は決して平坦な道のりではないが、2000年以降の同社の「なりわい」革新「前半戦」の足跡を改めて振り返れば、実現可能性が十分に期待できる目標設定だとは言えないだろうか。

　さて、それでは富士フイルムホールディングスの企業事例のまとめとして、その「なりわい」再定義のプロセスを「イノベーションストリーム」のフレームワークを用いて検証してみよう［図17］。

　これまで見てきたように、富士フイルムホールディングスの「なりわい」革新に向けての打ち手は極めて多様だ。デジタルイメージング、光学デバイス、グラフィックシステム、ドキュメント（複合機など）の各事業のように、組織能力を「深化」させて既存の「なりわい」を突き詰めて収益を生み出すこと。そして、高機能材料や内製で進めてきた一部

富士フイルムホールディングスの「イノベーションストリーム」

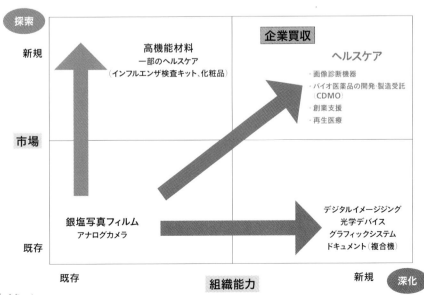

図17 「本業消失」パターン

のヘルスケア製品（インフルエンザ検査キット、化粧品のアスタリフトなど）のように市場を「探索」して新しいお客さまを相手に新しい「なりわい」を始めること。その両方をまさに「両利き」で行っただけではない。さらに時間をお金で買う企業買収という「第3の手」も使って超音波診断装置やCT、MRIなどの画像診断機器、バイオ医薬品の開発・製造受託（CDMO）、創薬支援、再生医療といったチャレンジングな領域へも驚異的なスピード感で（まさに一足飛びで）果敢に踏み込んでいったのである。

「本業消失」の場合、残された時間が少ない、リストラと並行して進めなくてはいけない、そしてリスクヘッジの意味合いで複数の事業を育成していきながら、最終的には「選択と集中」によって最も成長性の高い領域を見極めて「なりわい」革新を達成しなければならないという特徴があることを心に留めておこう。

デジタル化が契機となった「本業消失」という意味では、時計の針の進み方は富士フイルムホールディングスほど速くないにしても、軽自動車メーカー（2030年代半ばに日本政府がガソリンエンジン車発売を禁止）、ビデオやCDのレンタル会社（コンテンツのネット配信サービスの台頭）、大手印刷会社（ペーパーレス化による印刷ニーズの減少）や百貨店（ネット通販へのお客さまの流出）も時間をかけて富士フイルムホールディングスのケースと似たようなパターンを歩むと推察される。

また、コロナ禍で大きなダメージを受けた航空会社、旅行会社のように期間限定ではあるが、急速な勢いで需要が消失、または大幅に減退するケースも出てきている。

そこからの教訓は、たとえ現時点で「なり

わい」が順風満帆であったとしても、まさかの時の「備え」として社内で活用できる有形無形のブランド資産を洗い出し、市場の「探索」と組織能力の「深化」のアプローチをシミュレートしながら、新たなイノベーションを起こすための準備運動として組織能力の強化を怠ってはならないということだろう。

パターン❷ カリスマ経営者の大志： ユニクロ、SOMPOホールディングス

次のパターン「カリスマ経営者の大志」では、「カジュアルウエアの製造小売」業から「LifeWear」業に本格的に軸足を移す過程で「情報製造小売」業へ変わろうとするユニクロ、「保険」業から「安心・安全・健康のテーマパーク」業へ大胆な変革を試みるSOMPOホールディングスを取り上げる。「序章」以降、たびたび紹介した「自動車製造（オートモービル・カンパニー）」業から「モビリティ・カンパニー」業へ「なりわい」革新を宣言したトヨタももちろんこのパターンの代表的な事例と言える。

絶対的な指導力を持ったカリスマ指導者がその「大志」を実現するために、スピーディに知の「探索」と「進化」の施策を次々に繰り出しながら、社運を賭けて自社の「なりわい」を一足飛びに革新しようとチャレンジしているのがこのパターンである。

「なりわい」革新をリードするのは、同族企業で創業家出身の経営者、もしくは財界に広く影響力を誇る著名な経営者であることが多いが、単にそれだけではない。彼らに共通するのは、一橋大学名誉教授の野中郁次郎が提唱する「フロネティック・リーダー」でもあるという点だ。野中郁次郎によれば、「フロネティック」の語源である「フロネシス」

（Phronesis）とは古代ギリシアの哲学者 アリストテレスが打ち立てた「賢慮」「実践知」を示す知の概念に由来するという。「フロネティック・リーダー」は「現場感覚」「大局観」「判断力」に優れ、それゆえに「想定外の現象への対応」、すなわち「新環境への創造的適応」が可能となるのだ。したがってこれまで紹介したトヨタ、これから説明するユニクロ、SOMPOホールディングスの企業事例の場合、「フロネシス」溢れるカリスマ経営者が推進する「なりわい」革新は深謀遠慮に基づいて練られているだけでなく、展開力に富み、なおかつ社内外への情報発信も巧みなケースが多い。

一方でこのケースは「本業喪失」のケースと違って、企業の中で危急存亡の危機感は共有されていないので、従業員目線からするとカリスマ経営者の「なりわい」革新宣言が唐突に受け取られることもある。またカリスマ経営者の大志が「なりわい」変革の直接的なモチベーションであるので、描いていく「ありたい姿」の選択肢も「本業消失」のケースに比べると多い。またカリスマ経営者の強い権限を背景に、思い切った外部人材の登用やオープンイノベーションでの事業開発もしやすいというのも「カリスマ経営者の大志」の特徴である。

それではまず、ユニクロの「なりわい」革新の事例から見ていこう。

ユニクロ

「カジュアルウエアの製造小売」業から「LifeWearを実現する情報製造小売」業へ

事業視点から見たユニクロの強みは、強力な統制力を持った「垂直的マーケティングシステム」（企業型VMSの製造小売、いわゆるSPA）であり、完成度の高いベーシック商品を開発、リスクを取って大量に仕掛け、全社を挙げて売り切る力にある。柳井正 代表取締役会長兼 社長（以下、柳井会長 兼 社長）の父親が興した小郡商事（山口県宇部市）や1984年、米国の大学生協に影響を受けたセルフサービスの売り場が特徴の「ユニーク・クロージング・ウエアハウス」（広島市）がユニクロのルーツである。

2014年、柳井会長 兼 社長はナイキやコカ・コーラの広告を手がける米広告会社ワイデン＋ケネディのジョン・C・ジェイ氏をユニクロの運営会社、ファーストリテイリングのグローバルクリエイティブ統括として雇い入れた。お客さま体験（CX）を重視し、旗艦店でのユニクロならではのショッピング体験や洗練されたテレビ広告でお客さまを惹きつけるのがますます巧みになる一方で、新聞折り込みチラシでセールをかけ、一斉に在庫処分を行うしたたかさも依然持ち合わせる。

この当時のユニクロは単なる「カジュアルウエアの製造小売業」ではなく、シンプルな服が生活を変えるという体験価値に軸足を置き、ユニクロは「LifeWear」業である、というメッセージを強く発信していた。

ユニクロの店頭で配布されているブランドブック『The LifeWear Book』には「LifeWear」の定義について「考え尽くされたシンプルな服が、あなたの生活をより良く変えていきます。シンプルなものを、さらに良いものへ。Uniqlo LifeWear. Simple made better.」（『The LifeWear Book』Fall, Winter 2015）と記述されている。

また、ユニクロの運営会社である株式会社ファーストリテイリングの企業理念のステー

図18 ファーストリテイリング
「情報製造小売業」への転換図
出典：ファーストリテイリング WEBサイト

商品企画・商品計画
世界中の膨大かつ有益な情報を活用し、商品企画・販売数量に反映

生産
追加生産の短リードタイムや、お客さまの要望に適した生産体制の構築

物流
全世界で自動化倉庫を導入し、販売国の倉庫に必要な商品のみを運ぶ

販売
在庫過剰の削減と品切れを撲滅

「情報製造小売業」への転換

トメントにも「服を変え、常識を変え、世界を変えていく」ことが謳われている。

またお客さまへの具体的なアクションとしては、厳しい日本の冬の寒さの中で頑張る人に新しいヒートテックを贈る『ヒートテック10万人応援プロジェクト』が2011年から続いて行われている（常に新しさを求めるユニクロからすれば同じキャンペーンが10年も続くというのは珍しいことだ）。

キャンペーンサイトには漁師、旅館の女将、看護師、スキー場のスタッフなど、ヒートテックを贈られたお客さまが顔出しで登場、ユニクロが「LifeWear」としてお客さまと共に歩み、体験的な価値を共創する様子をリアルに感じ取ることができる。

しかし、DXがコネクテッドの時代に入った2010年代前半までの段階ではブランドス

ローガンとして「LifeWear」を標榜するものの、ユニクロの「なりわい」は依然「カジュアルウェアの製造小売」業の領域を大きく超えたものではなく、ビジネスモデルの観点でもユニクロ独自の画期的な取り組みがあるわけではなかった。

真の意味でユニクロに「LifeWear」としての「なりわい」再定義の転機が訪れたのは、2016年8月期の決算発表のタイミングである。市場の「成熟化」に加え、暖冬の影響が販売不振に拍車をかけ、日本国内のユニクロ事業の営業利益が初のマイナスを記録したのである。これに危機感を覚えた柳井会長 兼社長は迅速に反応した。お客さまの全員会員化を前提とした「情報製造小売」業への「なりわい」革新宣言を行ったのである。

「情報製造小売」業とは、企画・計画・生

産・物流・販売のリレー方式で6ヶ月程度時間がかかる従来型のサプライチェーンに代わり、お客さまが欲しいと思う商品をすぐに商品化できる、情報を中心としたサプライチェーンへと業態変革していくことを意味する[図18]。お客さま目線で翻訳すれば、ユニクロが提供するのは「ライフスタイル提案」というサービスであり、カジュアルウェアはそれを実現するためのツール（手段）に過ぎないということになるだろう。

「情報製造小売」業への転換を進めるため、ユニクロは2017年2月に六本木ミッドタウンからお台場にある有明倉庫の6階へ本部を移転し、小チーム制のフラットな組織による「即断・即決・即実行」で仕事を実践させる「有明プロジェクト」の取り組みを始動させた。

「情報製造小売」業の究極の目的は、「無駄なものはつくらない、無駄なものは運ばない、無駄なものを売らない」というものであった。従来のユニクロの事業面での強み（完成度の高いベーシック商品を開発、リスクを取って大量に仕掛け、全社を挙げて売り切る）とは異次元の高みにゴールを設定しているところに、柳井会長 兼 社長の経営者としての大志を実感せざるを得ない。「情報製造小売」業を推進するエンジンとなる「有明プロジェクト」は〈商品企画・商品計画〉アクセンチュア、グーグル、〈生産〉東レ、〈物流〉倉庫業のダイフク、とオープンビジネス型のビジネスモデルで運用されていることも注目に値する。

ユニクロの「なりわい」再定義に向けた具体的な取り組みを、さらに詳しく3つほど見ていこう。

ひとつ目は2018年夏からグーグルとの共同プロジェクトとしてスタートしている商品企画のプロジェクトだ。世界中から集めたビッグデータや膨大な画像分析によってファッションで流行する色やシルエットをいち早く予測するもので、お客さまが欲しいと思う商品の企画を高い精度で行おうとするものである。

二つ目はユニクロのコア商品をより良いものに変えていく「UNIQLO UPDATE」という取り組みである。お客さまから寄せられた膨大な意見を分析し、商品の細部にまで細かい改良を加えるこの取り組みは「LifeWear」のさらなる進化へとつながっていくだろう。

三つ目はAIとチャットボットを導入してお客さまと対話型で買い物アシスタンスを行うアプリ「UNIQLO IQ」の導入である。おすすめコーディネートの提案はもちろん人気の商品や店舗の在庫状況も案内してくれる。チャットショッピングという新しいお客さま体験（CX）の提案ともなっている。

興味深いことに、柳井会長 兼 社長は2018年10月、パナソニックの100周年記念フォーラムでの講演で、以下のような発言を行っている。

ユニクロの運営母体・ファーストリテイリングのスローガンである「グローバルワン・全員経営」は松下幸之助の著書『社員稼業』の中の一文「たとえ会社で働く一社員の立場であっても、社員という稼業の、つまり、ひとつの独立した経営体の経営者である」という一段高い意識に強い影響を受けていること、さらにユニクロの「LifeWear」の概念が松下幸之助の提唱した「水道哲学」と深い共通性があること、またグローバルで戦うためには「非常識なほど高い目標を持つ」ことが重要だが、そのためには「自分たちは何のために事業をやっているのか、自らの使命は何な

ユニクロの「イノベーションストリーム」

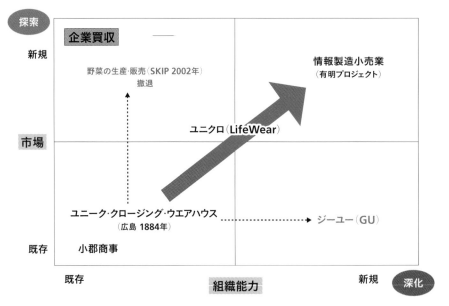

図19 「カリスマ経営者の大志」パターン

のかを考え抜くことだ」と強調したのである。
　パナソニックを合わせ鏡にしながらではあるが、ユニクロを統率する「カリスマ経営者の大志」の根源にある「なりわい」についての考え方を知ることができるだろう。

　ユニクロの「なりわい」再定義のプロセスを「イノベーションストリーム」を使って描くと　図19　のようになる。今まで見てきたようにユニクロとしての「なりわい」革新のメインストリームはカリスマ経営者・柳井会長兼 社長の大志を実現する形で、右上の象限への一足飛びの遷移、「情報製造小売」業へのチャレンジである。

　なお余談にはなるが、2002年に市場の「探索」アプローチにより野菜の生産と販売という新たな「なりわい」革新に乗り出して失敗した柚木治氏が、2010年以降は組織能力の「深化」アプローチによってジーユー（GU）を成功させていることは極めて興味深い。
　ユニクロは戦略的にオンラインストアの比

率を今後30％まで増やしていくと発表している（ちなみに2020年8月期の決算発表で公表されたEC化率はまだ11％に過ぎない）。いつか訪れるその日こそ、ユニクロの「情報製造小売」業としての「なりわい」革新が達成された記念日となるだろう。

SOMPOホールディングス

「保険」業から
「安心・安全・健康のテーマパーク」業へ

　SOMPOホールディングスの中核を担う損保ジャパンは、2014年に損保ジャパンと日本興亜損保が合併してできた会社である。その2社の前身である安田火災、日産火災、大成火災、日本火災、興亜火災のうち、最も創業が早かったのが安田火災の源流である東京火災である。
　東京火災は、火事の多かった東京で「火災から人々を守りたい」という悲願から日本初の火災保険会社として1888年に創業。お客さまを24時間365日体制で火災から守るため、

正式に認可された唯一の私設消防団「東京火災消防組」を結成、以来、保険会社の消防としてお客さまから頼りにされてきたというDNAを持つ。ちなみに合併前まで安田火災のロゴマークには、火消しが消火活動で使う鳶口（とびぐち）があしらわれていた。

そして「お客さまを守る」という保険会社としての使命感と心意気は、130年以上に及ぶ歴史の中で脈々と受け継がれ、現在のSOMPOホールディングスの「お客さまの安心・安全・健康に資する最高品質のサービスをご提供し、社会に貢献します。」という経営理念につながっているのである。

しかしながら、保険を取り巻く市場環境は厳しさを増している。日本国内では少子高齢化に加え、同質化、成熟化が進んでいて、今以上の成長を望むことは困難だ。海外の市場も日本以上に大手による寡占化が進み、レッドオーシャン状態である。加えて近未来にDXがさらに進展し、自動運転やカーシェアリングが普及すれば、SOMPOホールディングスの事業の柱である自動車保険のサービスがこれまでとは同じではなくなるだろう。

SOMPOホールディングスは櫻田謙悟グループCEO（経済同友会の代表幹事も務める）の強力なリーダーシップの下、「お客さまを守る」という創業以来の理念を守りつつ、自社グループの「なりわい」を「保険」業から「安心・安全・健康のテーマパーク」業へ進化させることを決断し、新聞や経済誌のインタビューを通じて積極的に情報発信するとともに、着々と「実態づくり」を行ってきた。

保険ビジネスは本来、他のカテゴリーの商品やサービスと比較して、お客さまとの日常のコンタクトポイント（接点）が薄い（事故や入院の時にしかお客さまと企業の直接的な接触がな

い）という特徴がある。「安心・安全・健康のテーマパーク」のコンセプトは、お客さまの安心・安全・健康をキーワードにドメインの保険事業と親和性の高いサービス業を展開するだけでなく、お客さまのライフタイム全体を新規の事業機会と捉える考え方である。保険のサービスを基軸としながらも、これまでに介護サービス（ワタミから事業を買収しSOMPOケアネクストを設立、現在のSOMPOケア）、警備保障サービス（綜合警備保障ALSOKと共同事業を展開）、ロードアシスタントサービス、住宅リフォームサービス、ヘルスケアサービスなどを拡充させてきた。

そして2019年10月、中期経営計画後半の計画達成へ向けてグループブランドスローガンを「保険の先へ、挑む。」から「安心・安全・健康のテーマパーク」へとリニューアルし、SOMPOホールディングスの新しい「なりわい」へのチャレンジがより広く知られることになったのである。

「保険」業から「安心・安全・健康のテーマパーク」業へと「なりわい」を進化させるに当たってキーになるのが、デジタル技術を活用してお客さまと24時間365日つながり続けることでお客さまを事故や疾病などのリスクを軽減し、保険＝万が一の補償だけではないお客さま体験（CX）の刷新である。この大胆な変化によって急速にお客さまとのコンタクトポイントが拡大し、必然的にお客さまとの膨大なデータのやり取りが発生することになる。自社だけでなく、パランティア・テクノロジーズなど海外の提携先企業や国内外の事業パートナー企業と進めていくビッグデータの利活用の推進が「なりわい」革新の成否を握ることになるだろう。

2016年度から5カ年の中期経営計画では

主要な柱のひとつに、「デジタルビジョン」を掲げた。『来るべき「Digital Disruption」の時代に対して、自らが積極的にデジタルトランスフォーメーションを仕掛け、デジタル対応力をコアコンピタンスとした「真のサービス産業」のグループとなることを目指します』と謳っている。またデジタル戦略の中核には「顧客接点強化」と「品質向上」を、ビジネスモデルの進化では「環境変化に挑戦し続ける文化」をハイライトしている。

櫻田謙悟グループCEOは2016年5月に三菱商事でIT事業開発を担当し、米シリコンバレーにも太い人脈を持つ楢﨑浩一氏をグループCDO（最高デジタル責任者）に、2020年4月には電通でデジタル分野を担当し、日本IBMのCDOも務めた尾股宏氏をグループCDMO（最高データマーケティング責任者）兼CIO（最高情報責任者）にヘッドハントし、「なりわい」革新の司令塔として外部の血をグループ内に次々に取り込んだことも見落としてはならないだろう。さらに、楢﨑浩一氏が統率するSOMPO Digital Lab（デジタル戦略部）には2018年に自社開発部隊「Sprintチーム」を設置。約40人のメンバーのうち過半の21名をフリーランス契約（2021年3月現在）とすることで、「保険脳」から脱却することを目指している。

現在、SOMPOホールディングスは売上高3兆8463億円、利益1424億円、運用資産額は11兆3578億円（2021年3月期）という大企業で、「安心・安全・健康のテーマパーク」業という傘の下に国内損保事業（損保ジャパン）、海外保険事業（Sompo International）、国内生保事業（SOMPOひまわり生命）、介護・シニア事業（SOMPOケア）、デジタル事業（SOMPO Light Vortex）、ヘルスケア事業（SOMPOヘルスサポート）の6つのコア事業が存在する。これらの中で「なりわい」革新に向けた新しい取り組みを3つ紹介する。

損保ジャパンが提供する法人向けの自動車保険「スマイリングロード」は、IT技術を活用することで、自発的な安全運転と持続的な事故防止対策を支援するサービス［図20］だ。ドライブレコーダーに記録されたドライバーの運転状況のデータをインターネット経由で収集し、安全運転の度合いを「可視化」する。10台以上の自動車保険をまとめて契約する法人のフリート契約は、保険金の支払いが少なければ翌年度の優良割引率が変わり保険料が下がる商品なので、従業員であるドライバーが安全運転を心がけるようになれば、お客さまである企業の保険料は軽減できる仕組みである。すでに、10万台以上の採用実績がある（なお、「スマイリングロード」については第3章の企業インタビューの中であらためて詳しく説明する）。

二つ目となる取り組みは、先述のSOMPO Digital Lab（デジタル戦略部）が開発を推進した企業向け健康経営応援アプリ「Health Checker」だ。新型コロナウイルスの感染拡大により、急速なオンライン化やテレワークの普及などワークスタイルが大きく変わる中、企業の経済活動を担う従業員の健康管理は大きな課題になっている。「Health Checker」は「脈拍」「酸素量」「呼吸」の3つのバイタルサインをスマートフォンのカメラで撮影した映像から計測することによって、企業の管理者が従業員の毎日の健康状態を確認・管理できるようにするシステムである。アジャイル（迅速）な開発を目的として、映像解析技術はSOMPOホールディングスの出資先でもあるイスラエルのスタートアップ企業ビナー

図20 損保ジャパンの事故防止サービス「スマイリングロード」の機能とサービス　　　　出典：損保ジャパン WEBサイト

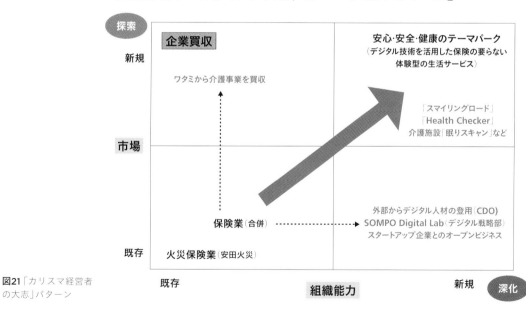

図21「カリスマ経営者
の大志」パターン

社（Binah.ai）が提供。サービスのプロトタイ
ピング（試作品の作成）およびアプリやシステ
ム設計・開発は株式会社シグマクシスが行う

形で、典型的なオープンビジネスモデルが採
用されていることも注目に値する。「Health
Checker」は実証実験で得られたお客さま企

業からのフィードバックをベースにアプリに改善が施され、さらに洗練された企業向け健康経営応援サービスとして実装されていくに違いない。SOMPOホールディングスでは従業員一人あたり数千円を課金する仕組みにより、発売初年度で30〜50社との契約を狙っている。

　三つ目は介護施設におけるデータを活用した利用者一人ひとりに合ったケアサービスの提供と介護スタッフの生産性を向上させる取り組みだ。2020年から米データ解析大手のPalantir Technologies Inc.（パランティア・テクノロジーズ社）と組み、介護施設のデータ収集と統合を試験的に始めた。センサー付きベッドを使い、入居者の心拍数や呼吸数、睡眠時間、起き上がった回数などを計測。そのほか、食事量や体温など複数のデータを分析し相関関係を見つけ出す。入居者の体調変化の把握や健康促進に役立てるだけでなく、介護職員の負担軽減にもつながるなど介護事業全体の生産性向上にも寄与することが期待されている。グループ傘下の介護事業会社であるSOMPOケアは売上高1284億円で業界2位（2020年3月期）、シニアリビング居室数約2万5600室で第1位（介護付きホーム数は281施設、2020年4月1日現在）である。2025年度中にSOMPOケアの老人ホーム約270施設すべてにシステムを導入し、将来的には同業他社への外販を目指している。

　こうしたSOMPOホールディングスの「なりわい」再定義のプロセスを「イノベーションストリーム」を使って可視化すると［p.63図21］のようになる。「なりわい」革新の初期の段階ではワタミから介護事業を買収するなどして、従来、グループ傘下にはなかったサービスを付加することで戦略的に「安心・安全・健康のテーマパーク」の領域を拡大させている。SOMPOホールディングスが目指すのは、デジタル技術の導入やテック企業との提携・共創によって組織能力を「深化」させることと、「保険が要らなくなるような、人間の人生のリスクを減らすためにプロアクティブに働きかける」体験型サービスという市場を「探索」して創出することを同時に実現することだ。変革のスピードの速さと個々の打ち手のインパクトの強さから、SOMPOホールディングスもまた左下の象限から右上の象限への一足飛びのステップアップを狙っていることは明白であり、トヨタやユニクロ同様の「カリスマ経営者の大志」の遷移のパターンを歩んでいることが確認できるだろう。

パターン❸ 再成長の事業イノベーション：コマツ、大和ハウス工業

　企業の成長曲線をイメージしてみよう。創業期から急速な成長期を迎える多くの企業はある程度の段階で安定期に入る。その後、2度目の成長期を創り出すか、衰退期に突入するかの分かれ道は、既存の組織能力の「深化」だけでは業績の回復が困難なことを早いタイミングで自覚し、市場の「探索」に経営資源を集中させることで「再成長の事業イノベーション」を起こせるかどうかにかかってくる。非連続なイノベーションを起こし、競争優位の獲得に成功すれば、企業は再び成長期を享受することができるだろう。しかし、それも長くは続かず、遅からず限界がやってくる。

　DX時代に入って過去のイノベーションに頼るだけでは成長の限界を迎えた企業が、今度はデジタルの技術を駆使して組織能力を

「深化」させることで、同じお客さまの層からより強固な支持を取り付けることが「再成長の事業イノベーション」で着眼すべきポイントである。この「探索」→「深化」の二段ロケット型のイノベーションは比較的、長い時間をかけて達成されるので、「なりわい」革新への熱意やアプローチが、ブランドの理念や創業の精神を羅針盤にして、正しい形で継承されることが重要になる。

同時に、「カリスマ経営者の大志」のパターンと比較した場合、従業員が主役のインターナル活動（EX）がイノベーションの成功により多大な貢献をしていることも「再成長の事業イノベーション」の特徴でもある。

企業事例で取り上げた9社のリストの中で、コマツ、大和ハウス工業、au/KDDI、ヤッホーブルーイングは「再成長の事業イノベーション」に相当することからもわかるように、このパターンは最近の欧米のイノベーション研究の視界からは外れてしまったものの、経営人材の流動性が低い日本企業の「なりわい」革新のパターンで多数派を占めると推察される。

第2章では、コマツ、大和ハウス工業の2つの企業事例を紹介することとし、au/KDDI、ヤッホーブルーイングについては第3章『新たな「なりわい」を具現化するためのEX活動×CX活動』の中で詳しくお伝えする。

コマツ

「銅山の機械修理」業から「建設機械・鉱山機械の製造」業を経て「建設機械・鉱山機械のソリューション（DX推進）」業へ

コマツの「なりわい」の変遷は非常に興味深い。コマツの歴史は1902年（明治35年）、吉田茂元首相の実兄・竹内明太郎が石川県小松市にある遊泉寺銅山の本格的経営に乗り出したところからスタートする。1920年（大正9年）、経済環境の変化から銅山は閉山となるが、翌年の1921年（大正10年）、銅山の機械修理部門だった小松鉄工所が分離独立して小松製作所が発足した。

創業者の竹内明太郎は「創業の精神」として「海外への雄飛」「品質第一」「技術革新」「人材の育成」を掲げ、その精神は現在も「コマツウェイ」として経営層を含むコマツグループすべての従業員に受け継がれている。

その後、コマツは建設機械・鉱山機械のメーカーとして新たな市場の「探索」を進め、業界で世界のトップを走る米キャタピラー社の後を追って自慢のモノづくり力で成長を続けてきた。しかし、成熟化で売上が頭打ちになると固定費が徐々に膨らみ、坂根正弘（現コマツ顧問）が代表取締役社長に就任した2001年には800億円もの赤字を抱えていたという。

事業の多角化や間接部門の肥大化などで膨れ上がった固定費を削減するために一度限りの大手術と決めてリストラを敢行したが、再成長のためには米キャタピラー社などの競合メーカーとは差別化された価値を継続的に生み出す必要があった。そこで坂根正弘社長（当時）が目指したのが「ダントツ」商品の開

発だ。

「ダントツ」とは競争相手よりも群を抜いて優れることを目指す、コマツのスローガンである。同時にこれは「創業の精神」「コマツウェイ」を踏まえ、厳しい市場環境の中でコマツ自身の「ありたい姿」でもあるとも解釈できる。相手より少し上を行くくらいではすぐにキャッチアップされ、同質化されてしまうので圧倒的なダントツを目指す必要がある。そしてここで重要になるのが、市場の「探索」に続き最先端のデジタル技術を駆使した組織能力の「深化」によるビジネスモデルの変革である。コマツとしては「銅山の機械修理」業から「建設機械・鉱山機械の製造」業へのイノベーションに続く2度目の「なりわい」革新である。

「探索型」の「なりわい」革新による象徴的な成功事例が、世界中で稼働するコマツの建設機械に標準装備されている「KOMTRAX」というシステムだ。GPSや通信システムを利用し、世界中のコマツの建機の正確な位置や稼働状況、燃料の残量などがリアルタイムに建機の所有者とコマツに伝達される仕組みである。坂根正弘が経営企画室長を務めていた1990年代後半に盗難した油圧ショベルでATMを壊して現金を強奪する事件が多発していて、その盗難対策として「GPSをつけたらどうか」というところからスタートしたものだ。当初オプションでサービスを開始したが、2001年に社長に就任したタイミングで、装備コストを自社負担して標準装備に踏み切ったという。

「KOMTRAX」はIoTの先駆けであり、カスタマーオペレーション・モニタリングのビジネスモデルをDX時代より十数年も早い時期

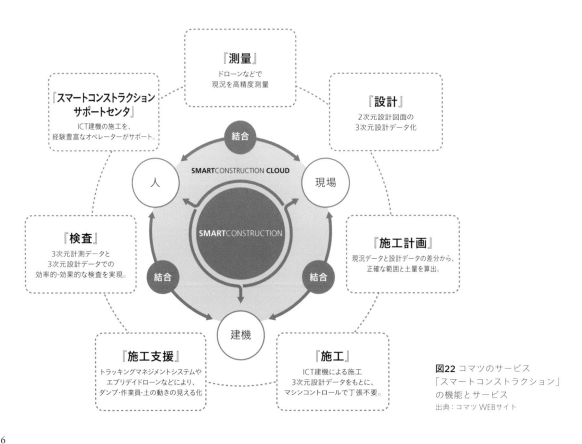

図22 コマツのサービス
「スマートコンストラクション」
の機能とサービス
出典：コマツWEBサイト

コマツの「イノベーションストリーム」

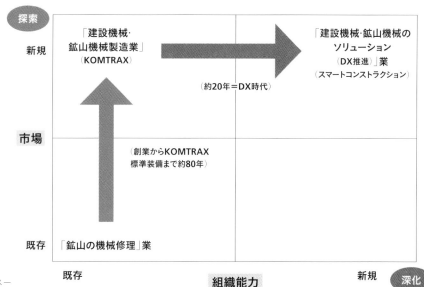

図23「再成長の事業イノベーション」パターン

に導入したことは注目に値する。またコマツはお客さまとの関係性を構築するブランドマネジメントを導入、お客さま価値の創造にさらに注力していく。

その後、コマツは海外の鉱山における超大型無人ダンプトラック運行システムの実用化と2015年にサービスを開始した「スマートコンストラクション」などのソリューション（DX推進）に力を入れている。

「スマートコンストラクション」[図22]は土木建設に関わるあらゆるものをICTでつないで、安全で生産性の高いスマートでクリーンな未来の建設現場を実現するための「建設現場のデジタルトランスフォーメーション」として知られている。現場上空にドローンを飛ばして測量した設計データと3D設計データを照合して、掘削位置や掘削量、土砂の量を自動算出し、それをもとに最適な施工計画を作成することができる。さらに施工計画に基づきICT建機で施工を自動化することが可能なので、例えば経験の浅いオペレーターで

もレバーひとつで高精度の施工を行うことが可能になる。熟練オペレーター不足は日本の建設業界が慢性的に抱えるソーシャル課題であり、「スマートコンストラクション」で「なりわい」の「深化」を達成するとともに、「世間よし」も押さえることにより「三方よし」の実現にもつなげている。

「スマートコンストラクション」は、ビジネスモデルの点でも「KOMTRAX」のカスタマーオペレーション・モニタリングからバリューエクステンションの領域へさらに一歩踏み込み、業界におけるその先進性は「ダントツ」ぶりをアピールしていると言えるだろう。

「スマートコンストラクション」がコマツ1社単独ではなく、設計会社、測量会社、コンサルティング会社など90社近いパートナー企業とオープンイノベーションで推進されていることにも着目したい。

「なりわい」の変遷により、コマツの差別化を加速させていることは事業成果にも表れている。コマツの売上高構成のうち約85%は北米、中南米、アジア、欧州、中国だが、2018年は各地域での需要を取り込み、連結で売上高2兆7252億円、営業利益3978億円と共に過去最高を記録している。

2021年5月にコマツは創立100周年を迎えた。「イノベーションストリーム」を使って、コマツの「なりわい」再定義の遷移［p.67図23］を落とし込んでみると、100年の間に「銅山の機械修理」業（遊泉寺銅山）から「建設機械・鉱山機械の製造」業（KOMTRAX）という市場の「探索」プロセスを経て、IoTやAIを駆使した組織能力の「深化」によって「建設機械・鉱山機械のソリューション（DX推進）」業（スマートコンストラクション）へという2段階のイノベーションを辿ったことがわかる。DXがコマツの「なりわい」を「深化」させるきっかけとなるとともに、「KOMTRAX」からスマートコンストラクションへとイノベーションを加速させることによって、「ダントツバリュー」というお客さま価値創造を通じたESG課題の解決と収益向上の好循環により、競争優位を創り出していることに注目すべきである。

その長期間での遷移の仕方が「ダントツ」に象徴されるダイナミックさを持つだけでなく、長期間にわたって「創業の精神」に基づいたビジョンに支えられていること、しかも「なりわい」と「ビジネスモデル」の対応関係が明解という3つの点で気づきや発見の多い企業事例であると言える。

「プレハブ住宅メーカー」業から
「プレハブ住宅メーカー」業を
コアにしながら「人・街・暮らしの価値共創
グループ」業へ

1921年（大正10年）、奈良県吉野の村の五男として生まれた石橋信夫は第2次世界大戦での大けがや過酷なシベリア抑留を乗り越えて日本に帰国、1955年、大阪にわずか社員18人で大和ハウス工業を創業した。「世の中に役に立つものをつくる」という熱い想いを抱き、「木材の代わりに強い鉄パイプで家をつくろう」と考えたのである。

創業から3ヶ月後には、鉄パイプを工場で加工して現場で組み立てる「パイプハウス」を開発し、倉庫や事務所として利用され、事業の礎を築くと、1959年には日本のプレハブ住宅の原点と言われる「ミゼットハウス」を全国のデパートで展示販売して時流をつかみ、1960年代にはキッチンや風呂もついた新婚世帯用の「スーパーミゼットハウス」が大人気となって、戦後の国民の住まいとしてプレハブ住宅が普及していくことにつながったのである。

社名の「大和」は石橋の出身地の奈良県にちなんだものだが、「ヤマト」ではなく「ダイワ」と読むのは「大いなる和をもって、経営にあたりたい」という創業時の理念につながる考え方を反映したものだと言われている。

石橋は2003年に81歳でこの世を去るまで大和ハウスグループの経営に関わり続けただけでなく、創業の心と志（注：奈良市にある大和ハウス工業の総合技術研究所内には石橋信夫を顕彰する「石橋信夫記念館」が設立されている）は2001年から2020年6月まで約20年間、社長、会長職を務めた樋口武男（現在は最高顧問）に

受け継がれた。

　樋口武男がグループ会社の大和団地を再建した実績を買われて社長に就任した当時、デフレ経済の長期化や少子高齢化の進展で新築の戸建住宅の市場はピークの半数程度にまで縮小していた。

　大和ハウスグループの事業を持続的に成長させるために樋口が行った大胆な「なりわい」革新の戦略は、以下のようなものだ。まずは創業以来の「プレハブ住宅メーカー」業をコアにしながらも市場の「探索」を行うことによって「人・街・暮らしの価値共創グループ」業へ事業領域（BtoCだけでなくBtoBへも）を大きくストレッチする。そして次のステップでは「人・街・暮らしの価値共創グループ」という「なりわい」の大きな傘はキープしながらも「世の中の役に立つものをつくる」という石橋が打ち立てた創業の精神に立ち返る。そして、「アスフカケツノ（明日不可欠の）」をキーワードにして「人・街・暮らしの価値共創グループ」業への「なりわい」革新を通じて厚みが出た組織能力をさらに「深化」させる形で再生可能エネルギー発電やデジタル技術を駆使した新事業にチャレンジするというものである。

　それぞれを詳しく見ていこう。第1ステッ

プである「プレハブ住宅メーカー」業から「人・街・暮らしの価値共創グループ」業への「なりわい」革新については、「Housing」（住宅）、「Business」（商業建築）、「Life」（ライフ）、「Global」（グローバル）の4つの事業領域で新たな市場の「探索」を行っている。

　「Housing」（住宅）においてはコア事業の戸建住宅に加えて、賃貸住宅、マンション、リフォームなどが、「Business」（商業建築）では店舗や事務所、物流施設、工場などが、「Life」（ライフ）ではリゾートホテルやゴルフ場、ホームセンター、フィットネスクラブなどが、そして「Global」（グローバル）においては海外における分譲住宅やマンション、工業団地などの事業が含まれている［**図24**］。

　「なりわい」のコアである住まいづくり・街づくりとのつながりは保ちながらも、向き合う市場とお客さまの顔ぶれが多様化したことがわかる。また「価値共創グループ」業という打ち出しは大和ハウスグループの基本姿勢である「共に創る。共に生きる。」とも響き合うものである。市場の「探索」によって「なりわい」革新を行うことで、必然的に大和ハウスグループとお客さまとの関係性も変わっていく。社会やその構成員であるお客さまを積極的に大和ハウスグループのブランド価値創造プロセスに組み込み、お客さまからのフィードバックを活用しながら、グループ

図24 大和ハウスグループの事業領域
出典：大和ハウスグループ　WEBサイト

全体で持続的により豊かなサービスを生み出していこうという狙いが「価値共創グループ」というキーワードから窺い知ることができる。

続く第2ステップの「なりわい」革新については、「人・街・暮らしの価値共創グループ」業という「なりわい」のもとで「アスフカケツノ」が羅針盤を示すキーワードとして機能している。「ア」は「安全・安心」（人々を災害から守る確かな技術の建築）、「ス」は「スピード・ストック」（建物の長寿命化への対応）、「フ」は「福祉」（高齢者の暮らしをサポート。介護福祉施設や有料老人ホームなど）、「カ」は「環境」（太陽光や風力など再生可能エネルギーによる発電）、「ケ」は「健康」（健やかな住まいと暮らしのサービス。フィットネスクラブなど）、「ツ」は通信（建築技術のノウハウと最先端情報技術の融合）、そして「ノ」は「農業」（農業の工業化で安心な食を安定供給）である。
「アスフカケツノ」は次世代の事業戦略であるとともに、大和ハウス工業のCSR指針という位置づけでもある。住まいづくり、まちづくりに関係する多様な事業を立ち上げることで、大和ハウスグループの事業成長とサステナブルな社会づくりへの貢献とを両立（トレードオン）させていこうという考え方がそのベースにあるだけでなく、第1ステップの「人・街・暮らしの価値共創グループ」業への「なりわい」革新の内容をさらに補強するものとなっている。例えば、「カ」に相当する「環境」は創業者・石橋が「21世紀は風と太陽と水をキーワードにした事業を考えたらいいぞ」と言ったことに由来しているが、太陽光や風力を利用した発電事業は今や環境エネルギー事業本部を構えるだけの事業規模にまで成長しているだけでなく、「次世代の人・街・暮らし」の基盤づくりにも貢献して

いるという点で意義深い取り組みだと考えられる。

「探索」から「深化」への2段階のステップを経ての「なりわい」革新の結果、2010年3月期には1兆6098億円だった大和ハウスグループ連結の売上高は10年以上経った2021年3月期には4兆1267億円にまで拡大、売上比率は「Housing」（住宅）部門と「Business」（商業建築）部門が48％と52％で拮抗している状態である。詳しく内訳を見ていくと、「Housing」（住宅）部門では賃貸住宅が24％に対し、コア事業の戸建住宅は13％と全体の1割程度にまで縮小している。また「Business」（商業建築）部門では事業施設（物流施設やオフィスなど）が24％、商業施設（ショッピングモールやホテルなど）が20％となっている。

経年的な推移を見ていくと、売上拡大を牽引しているのは「Business」（商業建築）部門における事業施設（物流施設やオフィスなど）であることがわかる。中でも2018年から導入を開始しているAI（人工知能）、IoT（モノのインターネット）、ロボティクスなどを駆使した「次世代型物流施設」事業への新たなチャレンジは「アスフカケツノ」の「ツ」（通信）に相当し、今後の大和ハウスグループブランドの差別化の武器として有望株であると考えられる。「次世代型物流施設」は物流施設の設営で培った組織能力を最先端デジタルテクノロジーの効率的な運用によって「深化」させようとするアプローチに他ならない。施設内の商品の搬送をAIロボットが担うだけでなく、運送会社のトラック配送システムともデータ連携し、配送手順やルートも最適化、トラックの積載効率を高める工夫を盛り込むことで物流施設の24時間稼働を実現しつつ、

作業員と運営費を従来よりも大きく減らすことができるのが強みだという。

大和ハウス工業はこの「次世代型物流施設」を、大手ネット通販会社をはじめアパレル、食品、医薬品メーカーなどの荷主の企業、その荷物を取り扱う3PL（サードパーティロジスティックス）企業に賃貸し（貸主は大和ハウス工業が組成する特定目的会社：TMKとなるケースが多い）、短期的には賃料とグループ会社によるオペレーションフィーで、長期的には証券化することでマネタイズする仕組みを目指している。入居する企業は施設を「ノンアセット」（自社では輸送手段や倉庫などの資産を保有せず、物流業務のノウハウやコンサルティングを提供、実際の物流業務は他社が請け負う仕組み）で提供できることも強みになっている。

大和ハウス工業の「なりわい」革新の動きの中で、「次世代型物流施設」がDX時代において業績をさらに伸ばしていくための中核的な事業と位置づけられているのは戦略的な合理性がある。それは「次世代型物流施設」が典型的なバリューエクステンション型のビジネスモデルであり、パートナー企業のビジネスに深く入り込み、文字通り共創型で進めることが前提になるため、事業の継続性やさらなる発展性が大きく期待できるからである。

大和ハウス工業の新たな「なりわい」の中でも「次世代型物流施設」の事業はテレビ広告を中心とした企業広告で積極的に対外発信されている。大和ハウス工業の近未来を示すわかりやすいアイコンとして、BtoBのお客さまはもちろん、大和ハウスグループの従業員や投資家などへのコミュニケーション（認知・理解・共感）が戦略的に重要という経営的な判断があるからに違いない。

大和ハウス工業の「プレハブ住宅メーカー」業から、「プレハブ住宅メーカー」業をコアにしながらも「人・街・暮らしの価値共創グループ」業への「なりわい」革新、そしてその大きな傘の下での「アスフカケツノ」のダイナミックな取り組みは大和ハウス工業のヒストリーやヘリテッジを知らないアウトサイダーには一見、唐突に映るかもしれ

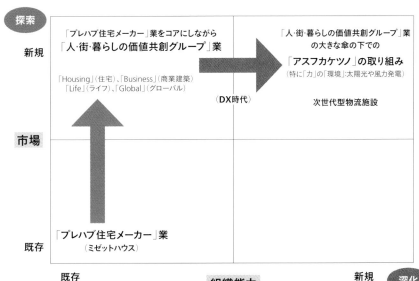

図25「再成長の事業イノベーション」パターン

ない。しかし、創業者の石橋の精神や、それを20年間にわたって継承・発展させた樋口の意志に寄り添えば、それはむしろ緻密に計算された必然的なストーリーなのだ。

DX時代に「世の中に役に立つもの」のリストの最上位にあるものが、お客さまと「共に創る。共に生きる。」ことによって得られる「人・街・暮らし」の豊かさであり、それを下支えするのがAI、IoT、ロボティクスなどを活用した最先端デジタルテクノロジーである、と考えると誰しもストンと腹に落ちるだろう。

大和ハウス工業の「なりわい」の遷移についても「イノベーションストリーム」のフレームワークに落とし込んで整理をしてみた[p.71図25]。遷移のパターンが二段ロケット方式（比較的長い時間をかけて「探索」と「深化」を2段階で行う）であるという点では、コマツの「なりわい」革新とも似ている。大和ハウス工業は新しい市場の「探索」によって「プレハブ住宅メーカー」業をコアにしながらも「人・街・暮らしの価値共創グループ」業への新たな「なりわい」を確立し、その後、創業者の石橋信夫の創業の精神に原点回帰して、組織能力の「深化」によってサステナビリティと事業の持続的な成長を両立させる取り組みを行っている。一般的に横軸の動き、すなわち組織能力の「深化」のプロセスは漸進的なイノベーションに陥りがちであると言われる。しかし、大和ハウス工業はAI、IoT、ロボティクスなど最先端デジタルテクノロジーを取り入れながら「なりわい」の「深化」を加速させることで、大胆にも新たな競争優位の創出と「明日に不可欠な」社会課題の解決を両立させている点に注目したい。

パターン❹ クロステック（X-Tech）への適応：みずほフィナンシャルグループ

最近、よく「クロステック（X-Tech）」や「○○テック」という言葉を耳にする。「テック」というのは「技術」を意味する英語である「Technology」の省略形で、ITの力を利用して既存の産業にない新しい価値や仕組みを提供することを指す。

広告：Ad Tech、医療：Med Tech、健康：Health Tech、教育：Ed Tech、農業：Agri Tech、スポーツ：Sports Tech、食料：Food Techなどが有名だが、最もポピュラーなもののひとつが金融：Fin Tech（フィンテック、Finは英語で金融を表すFinanceの略）であることは金融業界に多少縁が遠い人であっても異論がないだろう。

そもそも、「クロステック（X-Tech）」や「○○テック」が多数存在すること自体、DXを社会や多くのインダストリーがポジティブに受け入れて新たな市場が形成されつつあることの証左に他ならない。そして、同じ理由で「クロステック（X-Tech）」や「○○テック」が日本の大企業にとっても「なりわい」革新の直接的なきっかけになることがある。

しかも「フィンテック」におけるデジタルバンキング・サービス、「メドテック」における遠隔医療サービス、「フードテック」における人工肉のように「○○テック」を席巻するのは伝統ある成熟企業ではなく、GAFAやIT系のベンチャー企業だったりするケースが多い。つまり、銀行業、医療業、食品業はDX時代が進んでも形を進化させて存続するが、既存のメガバンク、大病院、大手食品メーカーが今のまま存在感を維持できるかは

必ずしも保証の限りではないというわけだ。

「なりわい」革新のパターンの四番目、「クロステック（X-Tech）への適応」では、次世代金融への転換にチャレンジする、みずほフィナンシャルグループを企業事例として取り上げる。

「総合金融」業から
「非金融を含む次世代金融」業へ

2000年9月、DX時代がスタートするのと同じタイミングで、日本初の金融コングロマリットとして発足したみずほフィナンシャルグループ。しかしバブル期の不良債権の処理もあり、貸出金は第一勧業銀行・富士銀行・日本興業銀行の3行による統合時に比べ約3割も減少、加えて2002年と2011年に起きた2度の大きなシステム障害や2013年に信販会社オリエントコーポレーションなどを経由した提携ローンで反社会勢力との取引を放置していた不祥事など、過去の事件の影響に

より信頼が低下、2010年代半ばにはブランド評価が3つのメガバンクのグループの中で最下位に転落していた。

みずほフィナンシャルグループは、「みずほ」という社名の由来でもあり、その基本理念で謳われているような「いかなる時代にあっても変わることのない価値を創造し、お客さま、経済・社会に<豊かな実り>を提供する、かけがえのない存在であり続ける」形で再出発する必要に迫られていた。

2013年3月、みずほフィナンシャルグループの佐藤康博社長（当時）が打ち出した向こう3年間の中期経営計画『One MIZUHO New Frontierプラン〜<みずほ>の挑戦〜』。それは新しいブランド戦略である「One MIZUHO」のスローガンの下、お客さまの多面的な金融ニーズに的確かつ迅速に応えるべく、「お客さま第一（Client-Oriented）」を計画の基軸に据えるとともに「銀（銀行）・信（信託）・証（証券）」の一体戦略を推進し、収益構造の質的転換と収益力の向上を目指したものだった［**図26**］。

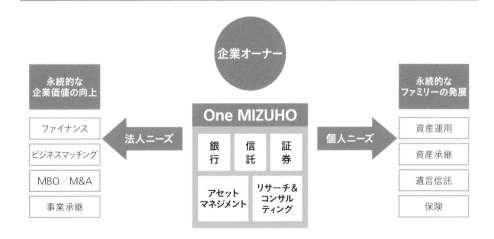

法人・個人のお客さまニーズにグループ一体で最適なソリューションを提供

図26 みずほフィナンシャルグループが掲げる全社戦略「One MIZUHO戦略」。

出典：みずほフィナンシャルグループ　WEBサイト

2016年5月、佐藤康博社長は過去3年間の取り組みの成果を踏まえた上で、引き続き2018年度までの新中期経営計画『進化する「One MIZUHO」〜総合金融コンサルティンググループを目指して〜』を策定、自社の「なりわい」を「総合金融」業、すなわち「総合フィナンシャルサービス」業から「総合金融コンサルティング」業へと進化させることを宣言した。

具体的には「お客さま第一（Client-Oriented)」をさらに徹底するとともに、銀・信・証に資産運用会社とシンクタンク各社を加えたグループ全体で最高のコンサルティング機能を発揮することによって、法人・個人のお客さまと社会の持続的成長を支える、オンリーワンのパートナーを目指していこうというものである。

この動きは言うまでもなく、組織能力の「深化」を図る形での「なりわい」革新である。

「総合金融コンサルティング」業への象徴的で大掛かりな取り組みが名実ともに「One MIZUHO」を体現する組織改革だ。

これまで銀行、信託、証券の3つの事業体は駅前に別々のオフィスを構え、独立した形で運営されており、お互いの人事的な交流も少なかった。しかし「お客さま第一（Client-Oriented)」の視点で捉え直すと、同じお客さまが会社経営の状況やライフステージの変化に応じて、みずほフィナンシャルグループの銀行、信託、証券の機能を使いこなすに過ぎない。銀・信・証の店舗（営業拠点）を「One MIZUHO」で統合して差別化されたお客さま体験（CX）を提供することはもちろん、特に法人の応対には貸し出しからエクイティファイナンス、M&Aまで一人の担当者がコンタクトポイント（専属のコンサルタントとして窓口）になった方が合理的だ。

2016年4月にスタートしたみずほフィナンシャルグループの新体制では、グループの司令塔でありお客さまの新しいニーズを掘り起こす持株会社（みずほフィナンシャルグループ）の下に、銀行、信託、証券を傘下に収めるとともに、横串的な機能としてお客さまのタイプ別に5つのカンパニー（リテール・事業法人、大企業・金融・公共法人、グローバルコーポレート、グローバルマーケッツ、アセットマネジメント）と2つのユニット（グローバルプロダクツ、リサーチ&コンサルティング）を設け、銀・信・証の枠組みを超えてサービスを一気通貫で提供する体制を整備した。また各カンパニーには戦略立案や人材配置など権限を付与する代わりに、明確な収益目標を課すことにした。

銀行と証券、銀行と信託の間では数百人規模の人事交流も行われ、お互いの業務を理解促進するための研修プログラムも活発に行われているという。その成果は、例えば銀行から証券への紹介件数の増加などの形で表れている。

「One MIZUHO」を掲げて「総合金融コンサルティンググループ」に「なりわい」再定義をはかるみずほフィナンシャルグループにとって、実は、銀・信・証の統合以上に大きなチャレンジがある。

それが2016年の中計の「10の戦略軸」の中にも明記されていた「FinTech（フィンテック）への対応」だ。

日本におけるフィンテック市場の動向を見ていくと、「決済や送金」（○○ペイ）「融資・ローン」「会計・財務」「個人資産運用」「個人財務管理（PFM）」「保険」などのように既存の銀・信・証の機能がデジタルに置き換わったサービスもあれば、「セキュリティ」「金融情報」や「暗号資産（仮想通貨）」「ソー

シャルレンディング」「クラウドファンディング」などDX時代に入り新たに誕生したサービスもある。しかも参入している企業は、GAFA（グーグルやアップル）を筆頭にして、楽天、LINE、GMO、DMMなどのインターネット企業やIT系スタートアップ企業など業界の垣根を越えてやってきた新参のプレイヤーである。

今後の金融市場を見通すと、デジタルネイティブな世代（スマートフォンに子供の頃から馴染んでいるミレニアル世代の後半やZ世代）が社会の主役を担う10年後、20年後にはメガバンク系のリアル店舗で金融に関するコンサルティングサービスを受けるよりも、スマートフォンをコンタクトポイントにしたフィンテック系のサービスの方が主流になっている（例：会社の給与が銀行口座を経ずにスマートフォンのアプリにポイントの形で振り込まれる）というシナリオも十分に想定される。

つまり、「総合金融コンサルティング」という「なりわい」は今後も残るものの、分厚い顧客基盤を持つみずほフィナンシャルグループのようなメガバンク系の企業であってさえ、将来にわたってその存在感を維持し続けるのは容易ではない、ということを意味する。

この尻すぼみのリスクを少しでも軽減するためには、既存の組織能力の「深化」と同時に新たな市場の「探索」を「両利き」でバランス良く行うと同時に、「深化」ユニットには利益と規律を求め、「探索」ユニットには実験を奨励するという形で、一見矛盾するリーダーシップを破綻のない形で発揮することが求められていく。

佐藤康博社長の後を受けて2018年4月からみずほフィナンシャルグループを率いることになったのは坂井辰史取締役 執行役社長

グループCEOだ。2019年に打ち出した『5ヵ年経営計画～次世代金融への転換』では、『前に進むための構造改革』をビジネス・財務・経営基盤の三位一体で推進することが打ち出された。そして経営資源配分のミスマッチを解消して、新たなお客さまのニーズに対応することで「次世代金融への転換」を図ることを前面に打ち出すものとなっている。

特にフェーズ1と位置づけられる最初の3年間は「次世代金融」、つまりフィンテックへの確かな布石づくりが求められているが、具体的に最近の目立った動きを最後に2つ紹介したい。

ひとつ目は2016年11月にみずほ銀行とソフトバンクとの共同出資で設立された「融資・ローン」分野のフィンテック企業・ジェイスコアの立ち上げだ。2019年9月から10月にかけてジェイスコアは、創業以来となる、認知拡大や利用促進を目的とした大掛かりな広告キャンペーンを実施した。

ジェイスコアの最大の特徴は、AIを駆使した独自の「信用スコア」を柱にした「AIスコア・レンディング」と呼ばれる貸付システムの導入にある。

サービスの利用者であるお客さまに対し、チャット方式で6カテゴリーの設問の回答を引き出し、結果をAIとビッグデータで統合・解析して、ジェイスコア独自の「信用スコア」を算出、貸付利率や与信限度額をわずか数秒で弾き出す。

AIを活用した与信枠の審査により人件費やオフィス代など大幅なコスト削減が実現でき、その分、金利を低く設定できるだけでなく、最短30秒で仮審査完了、最短で即日融資可能というスピーディさはお客さまにもメリットが大きい。

AIによる「信用スコア」については、中国でアリババグループが運営する「アリペイ」の「芝麻信用」が成功事例として広く知られている（アリババグループはジェイスコアのパートナー企業であるソフトバンクの戦略投資先でもある）。

AIが利用者の社会的な信用度合いを「身分特質」（社会的ステイタス）、「行為偏好」（消費行動）、「人脈関係」（交友関係）、「信用歴史」（公共料金やクレジットの支払い履歴）、「履約能力」（資産状況）の5項目から判定し、最低350〜最高950までの「信用スコア」を計算する。

「信用スコア」が高ければ、パスポートの取得の便宜、ホテルや各種シェアリングサービスのデポジット不要、ネット通販での返品サービス無料、携帯電話のデータ容量制限の緩和などさまざまな特典を得られることが普及の背景にあることを考えると、ジェイスコアも「信用スコア」を武器にして「金融そのものの価値」を超えた「非金融を含めた、金融を巡る新たな価値」を創造できるチャンスが出てくる。

ジェイスコアに関しては2020年3月度の決算を見る限り、売上高14.43億円、営業利益マイナス58.9億円と単独の事業としては課題が多いように見えるかもしれない。しかしゲームは始まったばかりであり、経営のコミットの下に失敗から早く学び、学習速度を高めて改善に結びつけるアプローチで未来の価値創造の機会を広げていくことが大切だ。

「次世代金融」への二つ目のチャレンジは2018年11月に発表した、みずほ銀行とLINEの子会社・LINEファイナンスとの合弁による「LINE Bank（仮称）」の設立準備の合意だ（営業開始は2023年頃になる見込み）。

記者発表には、LINEから出澤剛社長が、みずほフィナンシャルグループからは岡部俊胤副社長（当時）が出席し、両社の本気度をうかがわせた。LINE Bankの今後の動向を見守りたいが、大手のメガバンクがフィンテック

みずほフィナンシャルグループの「イノベーションストリーム」

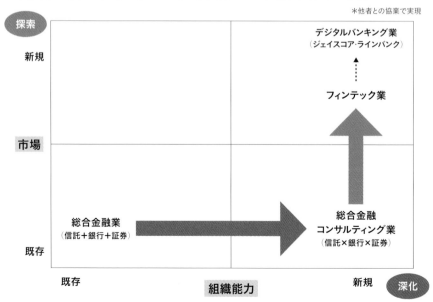

図27「X-Techへの適応」パターン

系のスタートアップ企業と組んで、デジタルネイティブな新たなサービスを生み出そうとする試みは米国ですでに先行事例がある。

米国の銀行の中でも時価総額の大きなウェルズ・ファーゴ（本社カリフォルニア州サンフランシスコ）ではフィンテック系スタートアップ企業への出資で開発した新サービスのプロトタイプをお客さまにお試しで利用してもらうプログラムが動いている。

ウェルズ・ファーゴのこの取り組みは未来のメガバンクグループの「なりわい」と生き残り方を示唆している。つまり、既存の銀行で提供されている「決済や送金」「融資、ローン」などのリテイル系のコモディティ化したサービスはフィンテック系のスタートアップ企業と組み、スマートフォンなどのデジタル接点でお客さまファーストの利便性の高いサービスとして（低コストで）提供する（「デジタルバンキング」業）。対照的に富裕層向けには「決済や送金」よりも「個人資産運用」「個人財務管理（PFM）」など高付加価値なサービスに重点を置いてリアル・デジタルを問わずシームレスな形で手厚いサービスを提供する（「アセットコンサルティング」業）。向き合うお客さまのタイプによって「総合金融コンサルティング」業はメリハリのついたサービス提供の形になっていくだろう。

みずほフィナンシャルグループが「総合金融コンサルティング」業という「なりわい」再定義に成功するために必要な条件は、「複雑化する環境変化へシンプルにわかりやすく適応していくこと」に他ならない。

最後に、みずほフィナンシャルグループの「なりわい」再定義の遷移を「イノベーションストリーム」に落とし込んだ［**図27**］を提示する。巨大な顧客基盤を持つメガバンクにとって、競争戦略上、まずは「総合金融」業から「総合金融コンサルティング」業としての組織能力の「深化」を着実に進めることが最優先の課題とされた。この「なりわい」革新に成功のメドが立ったタイミングで、今度は「次世代金融への転換」、すなわちフィンテック市場でのポジションを「探索」するチャレンジに素早く転換している。「再成長の事業イノベーション」のパターンと同様、二段ロケット型の遷移であるが、「深化」と「探索」の順序が逆になっていることに特徴がある。

フィンテック以外の領域に目を転じて見よう。市場がトッププレイヤー数社による寡占状態になっている場合、企業はまず業界内の競争に勝たなくてはならない。業界内で既存の顧客基盤を当面キープすることにメドを立てたあと、今度はX-Tech系のスタートアップ企業との「協調と競争」が本格的にスタートする。変化のスピードに先んずるか、劣後するか。広告（Ad Tech）、医療（Med Tech）、健康（Health Tech）、教育（Ed Tech）、農業（Agri Tech）、スポーツ（Sports Tech）、食料（Food Tech）などに関わる企業や団体にとって「X-Techへの適応」は変化のスピードと勝負という意味で、喫緊の経営課題なのである。

やってみせ、言って聞かせて、
させてみせ、ほめてやらねば、人は動かじ。
話し合い、耳を傾け、承認し、
任せてやらねば、人は育たず。

海軍軍人で、太平洋戦争開戦時の際の連合艦隊司令長官を務めた山本五十六の言葉

新たな「なりわい」を具現化するためのEX活動×CX活動

事業変革と両輪で
組織文化の変革も不可欠

なぜ、日本企業の事業変革は 行き詰まるのか?

　冒頭で「企業は立ち止まったままでは生き残れない」と指摘した。多くの日本企業は生き残りに向けた事業変革に着手し始めており、新たな経営ビジョンや中期経営計画など、さまざまなやり方で自社の新たな姿を提示している。しかしその動きと相まって、その具現化、社内外への浸透に悩む企業も増えてきているというのが、日々さまざまなクライアントからご相談をいただく私たちの実感である。その問題意識としては、例えば以下のようなものが挙げられる。

- 新たなビジョンに向けての従業員の意識改革が進まない
- 部門間の縦割りによって連携が進まず、変革のスピードが鈍い
- 既存事業の存在感が大きく、業態変革のブレーキとなっている
- ベテラン従業員と中堅、若手従業員の意識にギャップがある
- 従業員のモチベーション低下、人材流出が課題となっている

　一言でいうと「新たなビジョンを作っても現場が動かない」という問題である。

　経営陣が新たな経営ビジョンや事業戦略を掲げても、ごく一部の部門を除いて、全社的になかなかその意識が浸透しない。あるいは非常に矮小化した形で現場に降りていき、本末転倒の取り組みが実践される。その結果、新たなビジョンがお客さまをはじめ、さまざまなステークホルダーの体験価値として結実しない。

　また、社内外へのコミュニケーションの問題も大きい。自社のビジョンをわかりやすく魅力的に伝える努力や、そのための継続的なコミュニケーションがうまく設計されていないため、世の中からなかなか自社の新たな姿が認識されず、これまで培ってきた印象や評価から脱却できない。社外から新たなフィードバックが得られなければ、当然従業員の意識変革も滞りがちになり、これまでのやり方で日々の業務を推進し、事業成果を積み上げていく思考にとどまってしまう。

　なぜ、このようなことが起こってしまうのか。私たちは、以下の2つの視点の欠如によるものだと考える。

❶ 事業変革にあたっては、並行して組織文化の変革も不可欠である

　新たな事業が生まれ、その成果が上がれば、自動的に新たな企業体として生まれ変われる、という短絡的な思考に陥ってはいないだろうか?　事業変革においては、当然であるが必要とされるスキルも変わり、場合によってはターゲットとなるお客さまも変わり、求められるスピード感も変わる。それに伴い組織構造や意思決定プロセス、社内システム、人材

の評価のあり方も変革が迫られる。既存の従業員がその動きをキャッチアップするためには新たな知識の学習機会が不可欠であるし、外部から専門人材を登用する場合には、自社の人材とのコラボレーションを円滑に推進する必要がある。世代交代を断行しなければいけないこともあるだろう。そこには、大いなるマインドセットの転換が必要であり、時には痛みを伴うものである。つまり、事業変革と両輪で、組織文化の変革も不可欠なのである。

前述した通り、「なりわい」は日本の企業が創業時から培ってきた企業風土、価値観といった「熱量を持った精神性」をも包含する概念であり、同時に企業でリアルタイムに働いている従業員の組織文化に対する共感や愛着を涵養する営みという意味合いも含むものである。「なりわい」の革新は事業変革だけではなく、組織文化変革の側面を併せ持つものであるということを、改めて強調したい。

❷ 事業変革とは、「全社運動」である

事業変革が組織文化変革と両輪であるということは、新規事業部門や新たなプロダクト・サービスの開発部門だけでなく、社内のあらゆる部門、あらゆる職階の従業員が「変革の当事者」であることを意味している。しかしながらその取り組みは多くの場合別個に進行しており、企業体としての包括的な進化への視点が欠けていることによって、さまざまな点で難しさを抱えているように見受けられる。

そのような中、電通に対しても、経営ビジョンの策定、中期経営計画策定支援、DXによるお客さま体験の革新、SDGs／ESG対応、インターナルコミュニケーション、プロダクトのリブランディング、コミュニケーションデザイン、人材獲得戦略など個別の課題がクライアント内のさまざまな部門から寄せられる傾向にあり、ややもすると「木を見て森を見ず」に陥りがちな状況になりつつある。

加えて、多くの日本企業は「タテの壁」（経営層と従業員の意識の乖離）、「ヨコの壁」（部門間の縦割りによる意識の乖離）に苦しんでおり、個別の革新への取り組みが全社的な運動へとつながらない傾向にあり、経営層のアタマを悩ませている。

「なりわい」革新に向けては、日本企業の個別部門の最適化に陥りがちな習性、それに伴うコミュニケーションの壁を乗り越えなければならない。そのためには、全社運動に向けたムーブメントの創造が不可欠である。

運動論としての
CI（コーポレート・アイデンティティ）
とコーポレートブランディング

組織文化変革のための全社運動。このテーマは、必ずしも目新しいものではない。

コーポレート・アイデンティティ（以下CIと略す）と呼ばれる経営手法がある。1950年代にアメリカで生まれ、1960年代に日本に輸入され、1970年代から80年代にかけて、日本で独自の進化を遂げた。その日本型CIの本質が運動論、「組織文化変革のための全社運動」だったのである。

CIというと、企業名やロゴマークを変えることだと思われている向きもあろうが、それはCIの一部分、正確に言えばアイデンティティを表現する一要素に過ぎない。アイデンティティの中核にあるのは、理念である。

第1章で紹介した『ビジョナリー・カンパニー』を再度援用するなら、理念とは「組織

にとって不変の主義」や「単なるカネ儲けを超えた会社の根本的な存在理由」を指す。CIの最初の仕事は、暗黙知的に存在している理念も含めて、改めてアイデンティティを明確にすることである。企業の『自分探し』と言ってもいい。

次に、そのアイデンティティを端的に表現する「言語のシンボル（社名やスローガン）」と「視覚のシンボル（ロゴマークなど）」を開発すること。言わば企業の『自分語り』である。

そして最も重要なのが、そのシンボルを活用してアイデンティティを全社に浸透させ、意識と行動の変革、ひいては組織文化変革につなげること、つまり企業にとってのありたい『自分づくり』だ。

このような、企業の『自分探し』『自分語り』『自分づくり』の一貫したプロデュースが、電通が1980年代から実践してきた日本型CIのフレームであった。

私たちが提供しているコーポレートブランディングのサービスは、このCIのフレームと実績を継承した延長線上にある。そして、今日の環境の中でコーポレートブランディングを推進するための有効なアプローチこそが、「なりわい革新」なのである。

ではそもそも、コーポレートブランディングとは何か。

コーポレートブランディングとは、ブランドスパイラルを回すこと

その企業が「何者で、何を目指して、どこへ行こうとしているのか」を明らかにし、社内外のステークホルダーに共有しながら、それを実践していくための、基本となる表現体系と仕組みをつくること。それがコーポレートブランディングの基本的な定義である。

もう少し詳細に説明しておこう。[図28] は、コーポレートブランディングの構造を示したものである。

左側に、あなたの所属する企業がある。右側に、その企業が向き合う市場や社会がある。

企業は、理念やビジョンの実現としての価値を生み出し、市場・社会に提供することによって、新たな経営資源を獲得する。このとき、企業とステークホルダーの間にコーポレートブランドを介在させ、理念やビジョンを象徴的に発信することで、より円滑で効率

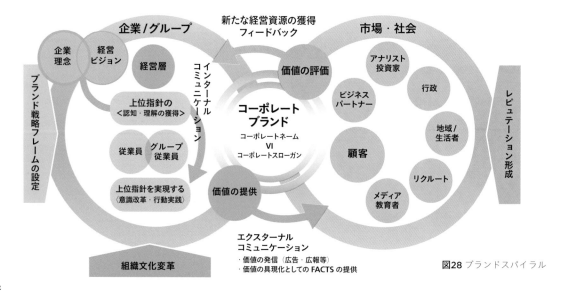

図28 ブランドスパイラル

的な価値交換を行うことを、コーポレートブランディングと呼ぶ。言わば「有言実行の価値創造・価値交換プロセス」である。企業の持続的成長とは、この価値交換のスパイラルを回し続けていくことに他ならず、コーポレートブランディングとは経営を支援するコミュニケーションに他ならない。

このスパイラルを回していくために必要な要件が、2つある。

ひとつは、組織文化を変革することだ。自社が掲げる新しいビジョンを、従業員一人ひとりが自分なりに理解し、共感し、仕事に向かう意識や行動を変革することによって、初めてそのビジョンを実現する価値を創造することができる。従業員一人ひとりの意識・行動変革の集大成が組織文化変革であり、それこそが持続的成長のための最重要課題と言えよう。

いまひとつの要件は、レピュテーションの形成である。レピュテーションとは、「組織の価値創造の能力について、ステークホルダーが抱く累積的な認識」を意味する。「掲げたビジョンを実現していく能力のある企業としての評価」と言い換えてもいい。このレピュテーションが形成されることによって、さらなる投資、新たなファン層、優秀な人材、好意的な報道論調、魅力的な他企業からの提携話……などの経営資源がもたらされることになる。

理念／ビジョンを起点に、コーポレートブランドを軸に、「組織文化変革」と「レピュテーション形成」という2つの目標に向かいながら、ブランドスパイラルを回すこと。それがコーポレートブランディングなのだ。

ここからようやく「なりわい」の話に戻る。

日本企業は理念を重視し大切にする意識が強い一方で、革新的なビジョンを打ち出すことは苦手であり、一所懸命につくったビジョンをいざ掲げても、現場はなかなか動かないことを前述した。せっかくビジョンを策定しても、そこからスパイラルが回りださない。ここに、「なりわい」という考え方が登場する。

ビジョンを構成する提供価値を「〇〇」業と表現し、現在の「××」業から「〇〇」業へと生まれ変わろう！　という呼びかけは、変革を促進する旗印として、極めて有効性が高い。

そこで私たちは、改めてこの「なりわい」を起点に、ブランドスパイラルを加速させる方策を提唱しようと思う。それが「ツインリンクモデル」だ。

事業変革×組織文化変革を実現するための「ツインリンクモデル」

新たな「なりわい」を従業員に浸透させ、その過程を通じて組織文化の変革（EX：Employee Experience）を推進する。そして、併せて推進される事業変革によって従業員によって生み出される新たなお客さま体験（CX）が、さまざまなステークホルダーからのレピュテーションの変容を促進し、自社の新たな姿が社会に浸透・定着していく。そしてその取り組みは双方向かつ持続的なものでならなくてはならない。

従業員がハッピーで前向きでなければ、お客さまに「熱量」を持って応対し、お客さまを魅了するような感動体験を持続的に提供することはできない。しかし、一度、お客さまとの間に共感・信頼関係が築かれれば、感謝や励ましの言葉は従業員の働きがいの意識を高めるし、時にはお客さまからの細かい注文や厳しい意見でさえ、お客さま体験（CX）を

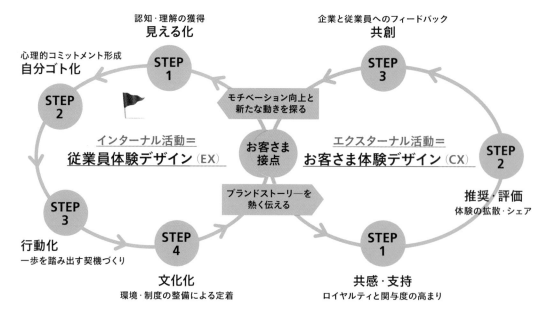

図29 ツインリンクモデル

さらに高めるためのヒントとしてポジティブに受け止めるだろう。

前述した「ブランドスパイラル」を基盤として、「なりわい」革新に特化した形で、事業変革および組織文化変革によるその具現化および持続的な推進のモデルを示したのが、私たちが「なりわい」の概念とともに開発した「ツインリンクモデル」[図29]である。

「ツインリンクモデル」の3つの構成要素、すなわち、左側の「新しいなりわい」づくりを下支えするインターナル活動（EX活動）、右側のお客さまの感動体験デザインを担うエクスターナル活動（CX活動）、そして、センターのお客さま接点（コンタクトポイント）のそれぞれについて解説する。

1.「新しいなりわい」づくり：企業を下支えするインターナル活動（EX活動）

企業が新たな「なりわい」の旗を掲げた後は、それを速やかに組織の隅々まで浸透させて、従業員の意識・行動の変革を促し、顧客およびステークホルダーに向けてその価値を

具現化していく必要がある。そのためのインターナル活動の推進にあたって、電通がコーポレートブランド領域で開発・活用してきたフレームワークが［図30］である。

インターナル活動には、
❶ 見える化
❷ 自分ゴト化
❸ 行動化
❹ 文化化
という4つのステップが存在している。それぞれのステップに対応する施策を開発し、組織文化変革につなげていく。各ステップにおけるポイントは以下の通りである。

❶「見える化」：認知・理解の獲得

経営が新たに掲げたビジョンの認知・理解を獲得していく一連の活動を指す。一般的な施策としては、ブランドブック、ブランドムービーの制作、社内報、イントラネット、メールマガジン、社内ポスターなどの活用、あるいは社内イベントの開催などが挙げられる。

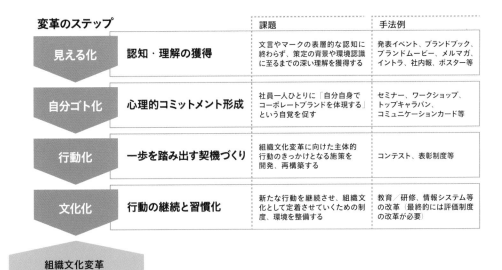

図30 インターナル活動のフレームワーク

この時点でまず大事なことは、立ち上げ期に会社としての「本気感」を強く従業員に印象づけることだ。考えられる限りの接点で告知を図ることはもちろんのこと、それらに統一感を持たせ、従業員の変革への気運を高めるためのシンボル・スローガンの開発も検討すべきである。また、かつては全社変革プロジェクトの立ち上げ当日に社長から全従業員宛ての手紙を配布した企業も存在した。経営トップのコミットメントを従業員に強く印象づけることは、非常に重要である。

❷「自分ゴト化」：心理的コミットメント形成

経営が掲げたビジョンを従業員に共感してもらい、「自分たち一人ひとりが新たなビジョンを体現するのだ」という心理的なコミットメントを引き出すための活動を指す。このステップに困難を感じている企業がとても多いという印象を受けており、インターナル活動における大きな「壁」であるとも言える。

しかし、「特効薬」は存在しない。従業員の共感を引き出すためには、地道な対話のプロセスが不可欠である。ここでも経営陣のコミットメントが重要になる。単にイントラでの告知や、幹部を対象としたミーティングだけで終わらせず、各部門、職階、地域に対して直接語りかけ、率直な意見を引き出す「泥くさい」取り組みが必要だ。

本来は直接足を運び、対面で実施することが望ましいが、コロナ禍の状況においてはオンラインを有効に活用することで補完していくことも検討すべきである。「なりわい」変革のような大規模なプロジェクトの場合には、経営陣が行脚し、告知する形での「キャラバン」と、従業員が主体的に自らやるべきことを考えるための「ワークショップ」を、時期を分けて開催することも有効である。

❸「行動化」：一歩を踏み出す契機づくり

一言でいうと、ビジョンに向けて新たな行動を起こした従業員を「褒めてあげる仕組みづくり」である。従業員は皆、日々の業務を抱えており、既存の成果指標に向けて毎日の仕事に取り組んでいる。そのような中、新たなビジョンへの取り組みに対して「仕事が増えた」と感じてしまう従業員も多々存在する

であろうことは容易に想像がつく。

「新たなチャレンジを会社はちゃんと後押しするのだ」というアナウンス機能、および従業員のインセンティブを生み出すための施策として、コンテストや表彰制度も重要である。多くの企業において何らかの表彰制度は導入されているが、単に定量的な成果を表彰するものであったり、毎年の恒例行事としてマンネリ化したりしているケースも散見される。「新たなビジョンに挑戦する従業員のやる気を引き出す」という視点で制度設計のリデザインの余地がないか、改めて見直すことも必要となろう。

❹「文化化」：行動の継続と習慣化

最後に、インターナル活動が一時的なキャンペーンで終わらず、新たな組織文化として定着するための環境、制度を整備する施策が「文化化」である。

例えば、魅力的な組織文化を強みとする企業の多くは、新卒・中途を問わず、入社研修の段階から自社の理念を浸透させるプログラムに非常に力を入れている。そして、最終的には、新たなビジョンに対する意識・行動のあり方が人事評価制度として定着することが、インターナル活動の究極の形となる。

上記がインターナル活動における「定石」であるが、それぞれのステップにどんな施策が対応するかはあくまで目安であり、企業によってケースバイケースであることも申し添えておきたい。例えば、「新部署の立ち上げ」自体が「見える化」の機能を果たすこともあれば、「研修制度の導入」によって「自分ゴト化」を促進することもある。重要なことは、「見える化」「自分ゴト化」「行動化」「文化化」の4つのプロセスが存在することをしっ

かりと認識したうえで、各プロセスにおいて自社にとって有効な施策を開発し、統合的に展開していくことなのだ。

2. お客さまの感動体験デザインを担うエクスターナル活動（CX活動）

「見える化」→「自分ゴト化」→「行動化」→「文化化」の4つのプロセスを経た従業員の活動は、理念への共感と「新しいなりわい」実現へのエネルギーを背景に、大きな「熱量」を伴ったものとなっている。その「熱」は、生身の従業員を介したつながりであろうと、デジタルデバイスやインターネット上のデジタルコンテンツであろうと、直接・間接を問わずお客さまにも伝わっていく。

お客さま接点での「熱量」の交換を伴った特別な体験のことを私たちは感動体験と呼んでいる。第2章の前半、「DXが引き起こしたゲームチェンジ」でも触れたように、お客さまの感動体験を源泉として、企業はマーケティングを行う上でポジティブな影響を期待することができる。

エクスターナル活動で企業が引き出すことが可能なポジティブな影響とは、

❶ お客さまの共感と支持
❷ お客さまの自発的な推奨や評価
❸ お客さまから企業へのフィードバック

という3つのステップである。企業がロイヤルティの高まったお客さまからの推奨やポジティブな評価を自然な形で引き出すだけにとどまらない。共創や意見交換の場づくりを適切に行うことで、企業は「なりわい」革新のスピードを加速させることができるだけでなく、事業成果の拡大につながる中長期にわたるムーブメント（レピュテーションの形成）

も期待できる。各ステップにおけるポイント
を以下に詳しく説明する。

❶ お客さまの共感と支持
：愛着と帰属意識の高まり

感動体験はお客さまの共感と支持を生み出
す。私たちがロイヤルティ（忠誠度）と呼ん
でいるものの正体は、お客さまのこの2タイ
プの心理状態と大いに関係が深い。

共感は企業やそのブランドに対する「愛
着」（Attachment）につながる。「愛着」は心
が引かれて離れがたい気持ちになることであ
り、心理的には静的なものだ。一方で支持は
「帰属意識」（Bonding）に結びつく。「帰属意
識」とはお客さま自身が同じ価値観を共有す
るコミュニティの一員と自任することであり、
心理的には動的な性格を持つ。

DX時代に入ってSNSが急速に普及した結
果、企業内部の情報がお客さまにもダイレク
トに伝わるケースが増えただけでなく、お客
さま同士もオンラインはもちろん、オフライ
ン（ファンイベントなど）でも横のつながりを
構築・強化したり、知識（ブランドに関する蘊
蓄）やスキルを高め合ったりすることが可能
になってきている。愛着と帰属意識が特に高
いお客さまは周囲から「○○信者」「○○
ist」「○○er」などと呼ばれることも多い
（本人たちは嫌がるどころか、むしろそれを誇りと
受け止め歓迎している）。

共感と帰属意識の度合いに応じてお客さま
は、「ファン」「サポーター」「エバンジェリ
スト」（伝道者）などと区分けされている。

❷ お客さまの自発的な推奨や評価
：感動体験の拡散・シェア

感動体験をしたお客さまの共感や帰属意識
が高まり、ファン、サポーター、エバンジェ
リストと呼ばれるレベルになると、企業はお

客さまから自発的な推奨活動が起きることを
期待できる。SNSやネット通販サイトのレ
ビューなどを通じ、お客さま自身の推奨やポ
ジティブな評価が、テキストだけでなく「映
える」写真や動画などで拡散されることで、
企業は広告宣伝費ゼロで「新規のお客さま予
備軍」を増やすことが可能になる（[p.38図11]
DX時代のゲームルール『ダブルファネル』を参照）。

一方、お客さまの「推奨意向の強さ」は数
値化し管理できる。「ネットプロモータース
コア」（以下、NPS）と呼ばれる指標で、お客
さまに他人に推奨したい気持ちの強さを0〜
10の11段階で評価してもらい、10と9を「推
奨者」、8と7を「中立者」、6以下を「批判者」
と定義し、推奨者の割合％から批判者の割
合％を引いて算出する（そして大抵の場合、ス
コアは大きなマイナスの値になる）。NPSを提唱
したベイン＆カンパニーのコンサルタント
（当時）、フレデリック・ライクヘルドの最大
の業績は、アップル、アメリカンエキスプレ
ス、ザッポス、フィリップスなど、著名な企
業の3年間平均成長率とNPSスコアの間に高
い相関を発見したことである。「推奨者」の
比率が増えればお客さまの生涯価値（LTV）
も上がるだけでなく、お客さまの推奨で新規
のお客さま予備軍が増えていくので、中長期
的な事業成果にもつながりやすいのは理の当
然である。しかしNPSスコアが下がれば残念
なことにその真逆のこと（お客さまの離脱と業
績の悪化）が起きる。

「ネットプロモータースコア」はすでに数多
くの企業でお客さまのロイヤルティや店舗で
の応対品質を測定する指標（KPI）として広く
導入が進んでいる。

❸ お客さまから企業へのフィードバック
：企業とお客さまの価値共創

SNSやネット通販サイドなどで書き込まれ

るお客さまのコメントは推奨やポジティブな評価だけでなく、時に企業への細かい注文、失望や怒り、中傷だったりすることも多い。幸い、ポジティブ・ネガティブにかかわらず、コメントは（少なくともタイムラインに残る一定の期間は）可視化されているので、企業はこういったお客さまからの生の声を収集、分析してマーケティングに役立てることが可能になっている（ソーシャルリスニング）。

先述したように、お客さまからの感謝や励ましは企業の従業員のモチベーションを高めるが、企業にとっては耳の痛いお客さまの声にも業務改善のヒントが隠されていることが多く、企業は謙虚な気持ちでこうした声を傾聴、学習することも大切だ。

第2章で紹介したユニクロの「UNIQLO UPDATE」はDX時代におけるソーシャルリスニングの典型的な事例であり、お客さまから寄せられた膨大な意見をベースに商品の細部にまで細かい改良を加えるこの取り組みはユニクロの差別化のための生命線ともなっている。

ただし、DX時代だからといってすべてデジタルで完結することが良いというわけでもない。逆にアナログなブランド接点での人と人との対面で濃密なコミュニケーションが心理的な「熱量」を生み出し、お客さまの感動体験の創出やロイヤルティのさらなる強化にもつながることがある。

新潟の三条市で「金物卸」業から「キャンプ用品の製造販売」業に転身し、さらに「人間回帰」業へと「なりわい」再定義を行っているスノーピークは、『Snow Peak Way Premium』と呼ばれる2泊3日のファンイベントを全国で開催している。1日目の夜に行われる「焚火トーク」と呼ばれるイベントでは年間テント泊200泊以上の経営陣が自社のプラチナ会員以上（年間30万円以上のスノーピーク商品を購入）のトップユーザー（彼らは自らを「スノーピーカー」と自負している）からの意見や要望を聴く。それを受けて2日目の夜の「焚火トーク」では経営陣が経営計画や改善プランをまとめて発表する取り組みを行っている。公の場で経営陣とトップユーザーが討論を行うことは当然、リスクも伴う。しかし、ユーザーであるお客さま視点で考えれば、自分の意見を経営陣が真剣に受け止めてくれること、そしてそれらが製品の改良や新発売に結びつくことで自分がスノーピークブランドの価値創造プロセスに組み込まれている手応えを感じ、さらにロイヤルティを深めていくのである。

3. お客さま接点（コンタクトポイント）

お客さま接点は「新しいなりわい」づくり企業を担うインターナル活動（EX活動）とお客さまの感動体験デザインを担うエクスターナル活動（CX活動）との「ゲートウェイ」の役割を担うと共に、企業とお客さまの「熱量の交換器」の役割も果たす。従業員がお客さまに対してブランドストーリーを熱く語り、お客さまの気持ちを動かすことで、お客さまから従業員のモチベーション向上につながるような励ましのコメントやマーケティングプロセスの改善のきっかけになる新たな気づきを得られるようになる。お客さま接点では、従業員とお客さまのWin-Winの関係が成立していることが重要である。

お客さま接点において、企業とお客さまの熱量のやり取りが効率的かつ大規模に行われることで、インターナル活動（CX）とエクスターナル活動（EX）のループの回転スピードが増し、企業が「なりわい」の旗を掲げてからそれを達成するための時間が短縮されることが期待される。

一方、第2章で見たようにDX時代に入り、スマートフォンのアプリ、ウェアラブルデバ

イスやAIスピーカーなどの普及によって、これまでお客さま接点が作れなかったオフラインでも企業とお客さまがつながりを持つことができるようになったため、必然的にお客さま接点の数や種類は増えた。企業の経営者は部分最適ではなく全体最適の発想でお客さま体験（CX）をデザイン（設計）する発想が必要になったことを見落としてはならない（OMO戦略）。そのためにはお客さまへの深い共感（Empathy：エンパシー）をベースにお客さまのカスタマージャーニー、特に気持ちの変化にきめ細かく寄り添う努力が不可欠だ。

昨今、DX時代のCRMのツールとしてマーケティングオートメーションが注目されているが、この発想が欠落しているとせっかくの投資が無駄になってしまう。感動体験を生み出すカスタマージャーニーには従業員の高い「熱量」をエネルギーの源泉とした、お客さまの期待や想像をはるかに超えた驚きや発見の提供が不可欠である。したがって企業都合でのドライで味気ない対応、お節介、予定調和、見当違いな介入は排除されるべきものである。

以上見てきたように、企業の「なりわい」革新の本質は、お客さまの感動体験デザインを担うエクスターナル活動（CX活動）そのものであり、「なりわい」革新を成功させるためには前提として組織文化の刷新をゴールに見据えた着実なインターナル活動（EX活動）が不可欠になる。そして、この重要な気づきを進化経済学の視点から考察すると、企業が「なりわい」革新を見据えてインターナル活動（EX活動）に熱心に取り組むことは、組織としての「進化を促すルーティーン」を体得しようとするプロセスそのものであり、さらにコンタクトポイント（お客さま接点）でのお客さまとの「熱量」の交換は「ルーティーン」の硬直化を防ぐための「サーチ」の活動であると解釈することも可能だろう。

第3章の後半はDX時代、「なりわい」革新に果敢にチャレンジしている3つの企業事例をご紹介したい。3つの企業に対しては「なりわい」革新のキーパーソンに直接インタビューを行った。「ツインリンクモデル」の考え方をお話しした上で、エクスターナル（EX活動）、インターナル（CX活動）における具体的な取り組みについて詳細にヒアリングさせていただいた。

3社の共通点は「なりわいワード」を対外的に強くアピールしていることである、

最初に紹介するヤッホーブルーイングは「クラフトビール製造」業から「新たなビール文化創出による幸せ提供」業への進化を宣言している、極めてCX成熟度の高い企業だ。経営理念を鮮明に打ち出すだけではなく、チームビルディングなどインターナル活動を通じて従業員の「熱量」を高め、新たなお客さま接点を創出しながら積極果敢に「幸せ提供」業の実態づくりを行っている。そして、ファンになったお客さまの推奨や評価の力やポジティブなフィードバックを活用することで「再成長の事業イノベーション」を達成することに成功している。今回お話を伺ったのは、よなよなピースラボ（CRM/CXデザイン）ユニットディレクター 佐藤潤氏（ニックネーム：ジュンジュン）である。

企業事例にヤッホーブルーイングを加えたのは、「なりわい」革新が企業規模に関係なくイノベーションを生み出すことを証明するだけでなく、組織文化の変革のステップ（見える化、自分ゴト化、行動化、文化化）のプロセスに大きな学びがあると考えたからである。

次にご紹介するau/KDDIが目指すのは、「通信」業から、通信を中心に、お客さまのライフスタイルをデザインする「ライフデザイン」業への「なりわい」革新である（2018年4月の髙橋誠社長の就任以来、「ライフデザイン企業への変革」を「通信とライフデザインの融合」という表現に変更している）。社内の各部門のリーダーが「利他の心」を基軸とする企業理念やお客さま主語の価値観で深く結びつくとともに、組織の枠組みを超えたワークショップ（『Power Session®』）を通じて迅速に意思決定を行う取り組みによってDX時代における「再成長の事業イノベーション」を起こす。au/KDDIでは手法が組織文化として定着していることに大きな強みがある。今回はau/KDDIの「なりわい」革新（「通信とライフデザインの融合」）をリードする経営企画、広報、宣伝の各部門のトップ、明田健司氏、鈴木吾朗氏、馬場剛史氏の御三方にインタビューさせていただいた。

最後に取り上げるのは、第2章の「カリスマ経営者の大志」の「なりわい」革新のパターンでも取り上げたSOMPOホールディングスである。櫻田謙悟グループCEOの強力なリーダーシップの下、外部から優秀なデジタル人材をヘッドハントし、「業界脳」からの脱却を図る形で、従来の「保険」業から「安心・安全・健康のテーマパーク」業という全く新しいタイプの体験型サービス業への一足飛びの進化にチャレンジしている。今回は2016年5月以降、SOMPOホールディングス全体のデジタル事業を指揮する、デジタル事業オーナーグループCDO（最高デジタル責任者）執行役専務の楢﨑浩一氏に「なりわい」革新の戦略についてお話を伺った。かつて三菱商事でIT系の事業開発を推進し、シリコンバレーにも幅広い人脈を持つ同氏は「保険が必要ない時代」を見据え、「安心・安全・健康のテーマパーク」業における新しいお客さま接点の獲得やビジネスモデルの創出だけでなく、それらの活動を下支えする組織文化の変革にも精力的に挑んでいる。

「クラフトビール製造」業から
「新たなビール文化創出による幸せ提供」業へ

お話を伺ったのは

よなよなピースラボ（CRM/CXデザイン）‥‥
ユニットディレクター
佐藤 潤氏（ニックネーム：ジュンジュン）

2000年にカルチュア・コンビニエンス・クラブ株式会社（CCC）に新卒入社。インターネット事業部にて事業の立ち上げや、インターネット事業部の宣伝責任者などに従事。2012年にヤッホーブルーイングに中途入社。通販部門・プロモーション部門・ファンベースマーケティング部門の部門長を歴任。現在はCRM設計・CXデザインを探求する部門にて、オンライン・オフライン問わないファンとのコミュニケーション施策の企画や運営に携わる。

ECシフトが迫った「なりわい」革新

　1997年に創業したヤッホーブルーイングは、最初の3年ほどは地ビールブームに後押しされて順調に業績を伸ばしていた。しかし、2000年頃をピークにブームが去ると急速に市場がシュリンク。減収が続き、存続の危機に陥った。店頭にも自社の製品を置いてもらえない。営業担当は流通のバイヤーに会ってすらもらえない。退職者も続出した。

　そんなどん底の状況の中、活路を見出したのが、当時開店休業状態であった楽天市場における販売ルートであった。2004年からECに注力し、現在の社長である井手直行氏が手がけた個性的なキャンペーン展開、ユーモアあふれるメールマガジンなどが功を奏し、全国のファンと直接つながり、関係を深めるこ

とに成功した結果、業績は徐々に回復。増収増益を重ねていった。

「会社がどん底の時に唯一やれることで残っていたのが通販事業だけでした。"最後の手段"でした」

　佐藤氏は当時の状況をそう振り返る。確かにECへの注力は業績不振の中でのやむにやまれぬアクションという側面はあったかもしれない。しかし、その後の地ビール市場の浮き沈みに左右されない継続的な事業成長の背景には、「クラフトビール製造」業から「新たなビール文化創出による幸せ提供」業へのなりわい革新があった。

　直接の契機は、ECへの注力による業績の回復によって、社内の「チームワークの乱れ」が顕在化してきたことにある。誰がやるかあいまいな担当業務を誰も拾わない。プロジェクトチームを立ち上げてもメンバーのモチベーションが低く、遅々として進まない。待望の業績回復でさえ、「仕事が忙しくなる」という不平不満が出る……。朝礼の雰囲気も、「お通夜のようだった」という。社長に就任した井手氏は、自社に「チームワークの文化」が根付いていなかったことを痛感した。

　図らずも、新しい売り方の開発による業績の回復が、組織文化の変革を促したのである。

インターナル活動＝従業員体験デザイン（EX）のプロセス

見える化

「経営理念」の策定

実は創業以来、ヤッホーブルーイングには企業理念が存在しておらず、必要性も感じられてこなかった。しかしこの段階になってチームワークの乱れが明らかになり、今後の成長に向けて従業員が一丸となるためには、理念の共有が不可欠であるという考えに至った。

そうして定められたミッションが、

ビールに味を！人生に幸せを！
画一的な味しかなかった日本のビール市場にバラエティを提供し、新たなビール文化を創出することでビールファンにささやかな幸せをお届けする。

というものであった。ヤッホーブルーイングが「クラフトビール製造」業から「新たなビール文化創出による幸せ提供」業へ舵を切った瞬間である。

その他にも、以下のような形で「経営理念」［図31］が定められた。

● ビジョン
　クラフトビールの革命的リーダー
「日本でクラフトビールカテゴリーを創出し圧倒的にNo.1となる。そして革命的な活動でクラフトビール市場を広げ新しいビール文化創出の礎を築く。」という「みんなで目指す会社の将来像」を掲げた。

● ガッホー文化
ガッホーとは「頑張れヤッホーブルーイング！」の略であり、ガッホー文化とは「お客さまのニーズに、社員の自発的なプラスアルファの努力で積極的に応え、100％ご満足いただくことでビール製造・サービス業としての醍醐味を味わう、そういう仕事の仕方、または職場環境」のことである。ガッホー文化で掲げる仕事の仕方や職場環境を目指すために「究極の顧客志向を持ってファンの皆さんに満足してもらったり、喜んでもらえることを目指す」「フラットな組織文化のうえで、自ら考え、行動し、仕事を楽しみ、切磋琢磨する」「その切り口が知的な変わり者である」という意識がすべての従業員に共有されている。

● 価値観
「私たちが組織の中で、自由な発想と自らの判断で行動する上で前提となる決まりごと」を指す。その構成要素は、「法令の遵守」「顧客は友人、社員は家族」「経営情報の共有」「自由な情報交換」「顧客への全体責任」「同僚への敬意」「取引会社への礼儀」「喫煙者なしの会社」である。

● ヤッホーバリュー
「ヤッホーブルーイングの全活動に必須の要素」を指す。その構成要素は、「革新的行動」「個性的な味」「つくり手の顔が見える」である。

佐藤氏も、

「経営理念についてはかなり体系立てて、丁寧に制定した。みんなで復唱したりするこ

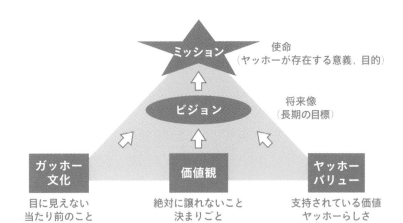

図31 ヤッホーブルーイングの経営理念

とはないが、常に言い続けるということは実践している」

と、同社の組織文化の礎をなすものとしての確信を強く持っている。

ある程度規模の大きい企業であれば、企業理念体系をブランドブックやブランドムービーなどの形に落とし込んですべての従業員まで周知させていくプロセスが必要になるが、当時のヤッホーブルーイングの人員規模は約20名。「経営理念」の策定プロセスおよび、井手社長による宣言こそが「見える化」にあたる活動であったと捉えることができる。

自分ゴト化

「チームビルディング研修」の導入

ヤッホーブルーイングの組織文化変革を語る上で欠かせない活動が「チームビルディング研修」である。出店先の楽天が主催する「チームビルディングプログラム」を井手社長が受講し、自らが講師役となり、社内に導入したものである。

チームビルディング研修はさまざまな部署の社員が混ざり、「チームとは何か」について学ぶ座学と、チームワークを体験するアクティビティの2つのパートから構成される。

座学では、自分の「トリセツ（取扱説明書）」を作って参加者内で共有。氏名・年齢・家族構成といったパーソナルな内容から、自らの資質を診断するツール「ストレングスファインダー」の結果に至るまで、お互いを知り合うことにも十分な時間をかける。またアクティビティについてはお互いの資質を共有した上でフラフープやロープなどを活用した、身体を使ったグループワークを実践する。グループワークは「難しいが、全員が力を合わせればクリアできる」ように設計されており、そのプロセスを通じて、チームで最高のパフォーマンスを出す方法を学んでいく。そして事後にはグループワークの振り返りを行い、気づきを共有するとともに、日々の仕事への応用の仕方についても議論する。

1回目の参加者は井手社長を含め8人。当初は日常業務との両立の負荷が高いことから反発の声もあったものの、回を重ね、受講者が増加していくにつれて、研修を通じてチームワークによるパフォーマンスの向上を実感した従業員が、職場で率先してチームのための行動を起こすようになった。そして、3年目から業績向上にも結びつき始め、退職者も大幅に減少するなど、成果が顕著に表れ始めた。

導入から10年以上が経過した現在では、

約100名がチームビルディング研修を受講している。そして佐藤氏は、今後の事業成長による企業規模の拡大を見据えた際にも、組織文化の維持・強化に向けてのチームビルディング研修の重要さに言及する。

「現在、『てんちょ（井手社長のニックネーム）』以外のスタッフもチームビルディングをファシリテートできるようにしていく研修も始まっています。てんちょ一人で100人への研修ができたということは、できる人間が10人いたら1000人に伝えていくことができるということ。他の企業の人事部の方と話すとよく、『今のヤッホーブルーイングの規模（約150名）だからできることだよね』と言われるが、現在、てんちょの『分身』をつくることに本気で取り組み始めているので、そこがワークしてくれば数百人、数千人の規模になっても組織文化が維持できると思っています」

チームビルディング研修は経営理念と両輪で、「チームワークの文化」の理解、自分ゴト化に向けての同社の中核的な取り組みであると言えるだろう。

コーポレートブランディングプロジェクトの初期段階においても、新たな理念やビジョン、ブランドスローガン／ステートメントの従業員への浸透に向けたキャラバン、ワークショップを実施する企業は多い。しかし、研修という形で常設化し、理念の浸透と両輪で組織文化の醸成を推進していくやり方は、ヤッホーブルーイングが独自に見出した方法論と見ることができそうだ。

「プロジェクト制度」による部門横断的な参画の促進

一人ひとりの従業員がチームワークの文化を日々の業務で具現化するために、自分の担当業務外の活動に参画したり、自発的にプロジェクトを立ち上げたりする仕組みも整備されている。その代表的なものが「プロジェクト制度」だ。

課題を発見し、自ら解決したいという意欲を持つ従業員が、スキル・経験・所属部門に関係なくプロジェクトを立ち上げることができる。また、プロジェクトには希望すれば誰でも参画することが可能である。その際に社長の承認は不要であり、業務全体の20％をプロジェクトに充てられるように推奨されている。

例えば、ヤッホー広め隊（広報）ユニットの道本美森氏は、理念浸透の取り組みにおいて、現場発で以下のようなプロジェクトの立ち上げ、そして参画を行った。

「『よいねオブヤッホー』というプロジェクトを立ち上げました。ガッホー文化について、みんな言葉としては覚えているけれど、もっと実践していくことで、本当の意味で目指したい組織になりたいという課題意識がありました。具体的には、例えば（ガッホー文化のひとつである）『究極の顧客志向』に当てはまる行動があったら、それを投稿してもらい、その投稿内容を全社に共有をして、みんなで「よいね！」と称賛し合おうという仕組みです。

また、二つ下の後輩が立ち上げてくれた「みっちゃん＆がっちゃんプロジェクト」に参加したこともあります。「みっちゃん＆がっちゃん」とは「ミッション」と「ガッホー

文化」を組み合わせて名づけたプロジェクト名です。どんな経緯で作られたミッションなのやや、ガッホー文化を感じる瞬間などについて、演劇形式で伝えたり、社員にインタビューをしたり、パンフレットにまとめたり、という取り組みを実施しました」

通常はトップダウンで推進されることが多い理念浸透の取り組みが、現場の従業員によって自発的に発案、推進される。これも、いかに同社の理念体系が一人ひとりの従業員に自分ゴト化されており、その具現化が事業成長にとって不可欠な要素として認識されているかの証左となる事例であろう。

また、2015年から実施しているファンとの交流イベント「よなよなエールの超宴」についても、お客さま対応を行う部門だけでなく、全社的に希望を募る。そのため、例えば製造や物流、バックオフィスなどで働く従業員も運営に参画することができる。5000人規模に成長したイベント（2020年はオンラインで実施したため約1万人）のため、純粋にマンパワーの問題もあるが、その行動自体が自社の「なりわい」の具現化であると、佐藤氏は語る。

「我々は自分たちの中で、『ビールの製造業であり、サービス業である』というユニークな業種設定をしています。『究極の顧客志向』を実現するために、お客さま接点を大事にするという考えが大きく関わっています」

文化化
**フラットな組織と
「ユニットディレクター立候補制度」**

ヤッホーブルーイングにおける組織階層は「社長」「部門ディレクター」「ユニットディレクター」「プレイヤー」の4つのみと、非常にフラットな構造となっている。そして、管理職にあたる部門ディレクター・ユニットディレクターはすべて立候補によって決定する。年に一度プレゼン大会が実施され、若手からベテランの社員まで自ら立案した経営戦略や事業計画を全社員の前で発表し、社員からのアンケートなどをもとに次期ディレクターが決定する。現場の社員が経営者の視点で全社の戦略を考える場でもあり、もし落選したとしても、自分に何が足りないのかについての気づきの機会になるという。

ヤッホーブルーイングは「ティール型組織」とも言えるだろう。ティール型組織とは、社長や上司がマイクロマネジメントをしなくても、目的のために進化を続ける組織のことを指す。ピラミッド型の指示系統ではなく、従業員一人ひとりが自分たちの仕組みやルールを理解して独自に工夫し、意思決定していく組織であり、以下の3つの特徴を備えている。

1. 自主経営（セルフマネジメント）…組織環境の変化に対応して他者からの指示を待たずに適切なメンバーと連携して対応する能力
2. 全体性（ホールネス）…社員自身の考え方をオープンにして組織との一体感が感じられるようにする
3. 存在目的（ミッション）…社員全員が組織の使命を意識して行動するため、社員の主体性や当事者意識が強くなる

ティール型組織は次世代型の組織のあり方として注目を集めているが、日本の多くの企業にとっては導入のハードルが高く、また、導入しても失敗に終わるケースも少なくない。ヤッホーブルーイングがディレクター立候補

制度に代表される、現場の従業員一人ひとりの自主性をベースとした組織づくりに成功している大きな理由として、佐藤氏は同社の「心理的安全性の高さ」を挙げる。心理的安全性とは、「アイデアや疑問、懸念や間違いを発言しても罰せられたり恥をかかされたりしないと信じられること」を指す。

「当社は、会社の中での「心理的安全性」がものすごく高いと思います。自ら手を挙げて立候補するだけでもすごいことですので、まわりはみんな頑張れって応援するし、落ちても誰もざまあみろとか言いません。みんな声援を送るし、拍手を送るし、次も頑張ろう、となります。そこに心地良よい、いい循環があると思います」

また、日常業務においてもさまざまな場面で心理的安全性を高める従業員体験（EX）の設計がなされている。

例えば、朝礼のスタイル。チームビルディング研修の導入が始まった時期に、淡々と業務報告を行う通常のやり方から、雑談をメインとする「あえて仕事の話をしない朝礼」に切り替えた。最初は理解が得られず、反発の声もあったが、チームビルディング研修の受講者を中心に粘り強く続けていくうちに、少しずつ賛同してくれる従業員が増え始めた。お互いの性格や言動がわかってくると、信頼関係が生まれ、仕事にも好影響が表れ始める。現在では従業員一人ひとりが、朝礼での雑談は心理的安全性の向上のために欠かせない取り組みであると認識している。

そして、お互いをニックネームで呼び合う制度も導入。例えば井手社長であれば「てんちょ」、佐藤氏であれば「ジュンジュン」といった具合である。社外の取引先や、お客さまとのイベントにおいてもニックネームで呼び合うことが徹底されており、お互いの心理

的安全性を高める工夫がなされている。

チームワークの文化の創造と定着のために、ティール型の組織構造において、心理的安全性を最大化するさまざまなインターナルコミュニケーションが設計されている。それが、ヤッホーブルーイングの従業員体験（EX）におけるなりわい変革デザインの要諦であると言えるだろう。

さらにもうひとつ、「文化化」における重要な側面のひとつである「採用」についても言及しておきたい。佐藤氏は、同社がEXの入り口の段階で一番気をつけていることが採用であるとし、最も重要なポイントは、その時点でのクラフトビールの知識ではなく、あくまで「カルチャーフィット」だと語る。

「会社説明会の段階から我々のミッションとカルチャーを正直に全部伝えて、この働き方でやりたいと共感してくれる人にエントリーしてもらうというところから始まっています。なので、あまりクラフトビールに詳しいとか、マニアであるというのはそういうのは関係ない。あくまでもカルチャーフィットです。ミッションとカルチャーにしっかり共感してくれることです」

そして、採用の最後の決め手となるのが、「熱量」だ。

「最終面接はプレゼンテーションです。例えば『新商品企画開発プロジェクトのメンバーになったとして、候補となるビール案を提案してください』といったお題を出します。企画の内容やプレゼンの質も大事ですが、それ以上に『プロセス』を重視します。発表用資料完成まで、どのように考え、どう行動したかを時系列で具体的に聞くことで、その人のコンピテンシー、入社意向度がわか

るのです。中には、そこまでするの！とこちらが驚くような行動をとられる方もいらっしゃいます。それがその人のコンピテンシーであると考えており、採用の段階で一番気をつけていることです」

2020年に新卒で入社したヤッホー広め隊ユニットの塚田紗衣氏も、そのようなプロセスを経て入社した一人である。

「私は就活をするまでヤッホーブルーイングを知らない状態でした。たまたま会社説明会に行ったら、本当に社員の皆さんが楽しそうに仕事をしていることが伝わったんですよね。例えば、休憩時間中も私と年の近そうな先輩が、『てんちょ（井手社長）』とずっと楽しそうに雑談しているところが見えるとか。その後も他の社員さんに時間をたくさん取ってもらえて、雑談をいっぱいさせてもらえました。めちゃくちゃ楽しそうに働いているなというのがすごく印象的で、それがきっかけで入社を決めました」

「なりわい」革新における従業員体験デザイン（EX）における「見える化」「自分ゴト化」「行動化」「文化化」によって、組織文化の変革が実現する。そして魅力的な組織文化は、それを体現する経営陣や従業員の日々の活動を通して、おのずから外部のステークホルダーにも伝播していくものなのだ。

エクスターナル活動＝お客さま体験デザイン（CX）のプロセス

共感・支持

「よなよなエールの超宴」
「よなよなエール 大人の醸造所見学ツアー」
「尖った製品開発」

お客さま体験デザイン（CX）にも目を転じていこう。ECへの注力によって業績が回復する中、組織文化変革と並行してCXの変革も推進していった。ヤッホーブルーイング独自のCXデザインの基本方針が決まったのは、同社の主力製品である「よなよなエール」のファンに対するインタビュー調査がきっかけだった。ECでの購入履歴から熱心なファンを特定し、生の声を聴取したのである。それは、今後の事業成長を見据えたときに、限られた経営リソースをどこに集中させればよいのかを見極めるためであった。そして、「よなよなエール」がお客さまに提供できるベネフィットとして、以下の5つの価値が浮かび上がってきた。

1. 理想像の実現
2. 癒される
3. 自己確信
4. 世界観への共感
5. 仲間をつくる

この調査を通じて、ファンが評価してくれていたのはよなよなエールの味や香りなどの機能的ベネフィットだけでなく、「よなよなエールのある楽しく幸せな生活が送れる」という情緒的ベネフィットが、買い続けてもらう大きな理由になっていることを発見した。さらに、試飲会や醸造所見学など、従業員と

の接触を機に劇的にロイヤルティが向上することも見えてきた。これらのベネフィットを体系立てて理解し、お客さまと分かち合いながら輪を広げていくということをCXデザインの基本方針として決めたのである。

「当社は広告費もそれほどかけられないので、製品のプロモーションだけでなくて、イベントなどの体験の場を通してこれらのベネフィットを伝えていったり、共感の輪を広げていったりすることが、私たちがこれから事業を加速させていき、生き残っていくためのきっかけになるのではないかと考えたのです」

と、佐藤氏は当時を振り返る。

「体験の場」を通じてファンを広げていくことが大方針として定まり、2010年に、現在も続いている「よなよなエールの超宴（2015年から実施）」の前身となる「宴」というファンイベントを立ち上げた。当初は東京・恵比寿のビアパブで約40人のファンの人々と「よなよなエール」を題材にしたクイズやビールのテイスティング大会などを実施した。井手社長を中心とした従業員による手作りの、ユーモアあふれる世界観。イベント

を通じたファンの満足度や、従業員とファンとの一体感に、大きな手応えを得た。そして、回を重ねるごとにリピーターが増え、リピーターが新規のファン層を連れてくる、チケットの完売までのスピードもどんどん速くなってくる、という好循環が生まれ、会場の規模もどんどん大きくなり、「宴」は「超宴」に成長。8年で5000人規模のイベントにまで成長したのである。

ちなみに、2020年は新型コロナウイルスの影響によってオンラインでの開催となったが、かえって「距離の壁を越える」効果を生み、北は北海道から南は沖縄まで、加えて海外からの参加も含め、2日程で述べ約1万人の集客を実現した。

また、醸造所の見学ツアーも、同社が非常に大切にしているお客さま接点のひとつだ。そして、ガイドは必ず従業員が務めることにこだわっていると佐藤氏は語る。

「去年（2020年）は新型コロナウイルスの影響でできなかったのですが、毎年夏は醸造所で見学ツアーをやっています。これについてはとても大切にしていることがひとつあって、うちの社員が自らガイドすると決めています。外部の方にお願いせずに、絶対

我々社員でやる。見学ツアーは毎週土日の夏季限定で3ヶ月程度実施しますが、そこで全社員が、みんなでシフトを組んでガイド役となって、総力戦で毎週やっていく。そして、お客さまと直接お会いしてお話しすると必ず、『ヤッホーの社員の人って、本当に自分たちの製品のことが好きで、自分たちの製品のことをとても愛着持って語ってくれるのがすごく印象的で、その姿を見るとますます好きになっちゃうのよね』と言っていただけます。そういう直接のフィードバックがあるから、うちの社員もまた積極的に企画をしようとか、ガイドに出ようとか、お客さんと話しにいこうといった気運が生まれます。その循環がうまくワークしています」

そして近年の同社においては、「ファン」という存在そのものの再定義が進んでいる。製品の機能的／情緒的なベネフィットへの共感は大前提であり、同社の経営理念や歴史に至るまでも深く理解し、共感してくれるところまでが、切っても切り離せない「セット」なのだという。最初は製品が好きになり、醸造所に見学に行く。そこで、熱量を持った愛のある従業員が対応することで、「つくり手の顔」を意識するようになっていく。お客さまの関与度、ロイヤルティを高めていく上で、従業員が直接お客さまとの接点として機能することが、ヤッホーブルーイングにとって非常に重要なCXであると言える。

加えて、「尖った製品開発」も同社の特徴のひとつだ。「水曜日のネコ」「インドの青鬼」「僕ビール君ビール」といったユニークなネーミングやパッケージデザインが醸し出す独特なブランドの世界観。そして、例えば女性向け白ビール「水曜日のネコ」は100人に1人の個（ペルソナ）にフォーカスして生まれた製品であり、ターゲットも思い切って絞り込んでいる。それも、特定のファンの心にしっかりと響くための戦略であると佐藤氏は語る。

「『究極の選択』が我々の戦略です。例えばこれまでラガーしかなかったビール市場の中で、クラフトビール、エールビールという『対極の製品』で市場を創っていくというのもそうですし、製品開発においてもターゲットを絞って、絞って、徹底的に研ぎ澄ましたお客さまだけを見て開発するところもそうです。それだけ"ギュギュッと"絞り込んでいるからこそ、ファンの方の心に響いていくと考えています」

推奨・評価

「熱量の高いファン」が新規のお客さまを連れてくる仕組みづくり

「よなよなエールの超宴」や「よなよなエール 大人の醸造所見学ツアー」などの体験イベントは、ファンのロイヤルティや関与度を高めるとともに、そのファンが新規のお客さまを呼んできてくれるきっかけとなっている。また、「尖った製品開発」は、主力製品「よなよなエール」を通じてヤッホーブルーイングを認知、トライアルした顧客のクロスセル効果や、ファン層の裾野を拡大する役割を果たす。同社がファンの熱量が高まっていくプロセスを整理したのが[**p.100図32**]である。

多くのお客さまの同社製品への入り口は、多くの場合「よなよなエール」であるという。たまたま店頭で見かけて購入したり、友人から勧められたりしたことがきっかけでファー

顧客の階層と感情

熱量の高いファン/伝道師　身近な友人や知人にも推奨してくれる

ロイヤルカスタマー　強いロイヤルティを持ち、価格に
　　　　　　　　　　左右されずブランド指名買いしてくれる

継続顧客　強いロイヤルティはないが、
　　　　　特段不満もないので、何となく買い続ける

日和見顧客　価格やキャンペーンに応じて
　　　　　　ブランドスイッチを繰り返す

トライアル顧客　トライアル購買するが
　　　　　　　　気に入らなければ次からは買ってくれない

ファン

ミッションへの共感

利用者

ストトライアルをし、気に入ると繰り返し購入するようになる。さらにロイヤルティが高まると、同社の公式ビアレストラン「よなよなビアワークス」に来店したり、オウンドメディアの記事を読み、ツイッターやフェイスブックでフォロー、拡散したりしてくれるようになる。そうして新たにファンになったお客さまは醸造所の見学、「よなよなエールの超宴」などのイベントに参加し、ヤッホーブルーイングの従業員との触れ合いを通じて「熱量の高いファン」となり、口コミでさらに、新たなお客さまに同社の製品やイベントを勧めてくれるようになる。これが、ヤッホーブルーイングの熱量の高いファンになっていくプロセスである[図33]。

「よなよなエール」のコアターゲット層は35歳〜40歳の、首都圏在住の男性ビジネスパーソン。情報収集能力が高く、流行に敏感な一方で、自身の意思決定には強い自信を持っている人たちである。また、「水曜日のネコ」「僕ビール君ビール」などの製品ラインナップが、若年層や女性へのファン層の広がりを担っているという。

そして、事業の成長、ファン層の拡大に伴い、ファンの特性や購入動機もバラエティ豊かになっていると、佐藤氏は語る。

「よなよなエールの初期のファン層は、ひとりで家でゆっくり飲みながら、癒されたり想像にふけったりする『ひとりでよなよな派』が中心でした。しかし近年は、みんなで楽しみながら飲んだり、一緒にイベントに行ったり、仲間同士でよなよなエール以外の製品を推奨し合ったりする『みんなでよなよな派』も増えています。そしてさらに最近では、ヤッホーブルーイングの組織づくりやマーケティング活動に興味を持ったことがきっかけで製品を手に取る層も少しずつ増えてきているという実感があります」

お客さまからの評価を図る指標は「NPS（ネットプロモータースコア）」「熱狂度」を軸に、年間の自社飲用頻度や競合他社のアルコール製品の引用頻度などを定点的にトラッキングしているという。一人ひとりのお客さまの「アルコールを飲むことのできる総量」は変わらない中で、NPSや熱狂度が上がっていくと自社製品の飲用シェアも上がっていくという明確な相関があるという。

図33「よなよなエール」という製品を手にした人が、次第にヤッホーブルーイングという企業のファンになっていく。

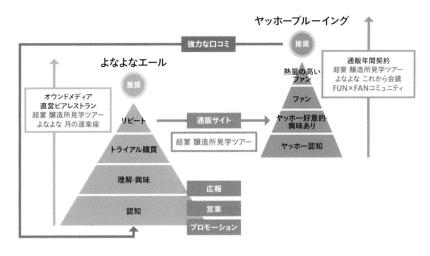

ヤッホーブルーイング

強力な口コミ

推奨

よなよなエール

推奨

熱量の高いファン

ファン

ヤッホー好意的・興味あり

ヤッホー認知

通販年間契約
超宴 醸造所見学ツアー
よなよな これから会議
FUN×FANコミュニティ

オウンドメディア
直営ビアレストラン
超宴 醸造所見学ツアー
よなよな 月の道楽座

リピート

通販サイト

超宴 醸造所見学ツアー

トライアル購買

理解・興味

広報

認知

営業

プロモーション

共創

中期経営計画についてお客さまと議論する「よなよな これから会議」

　お客さまとの体験イベントを通じた交流と並んで、「共創」も同社が大切にしていることのひとつだ。企業とお客さまの関係は、人間同士の付き合いと同様であることを、佐藤氏は指摘する。

　「人のお付き合い、出会って友達から始まって、恋人になって結婚するということと、非常によく似ていると思っています。まずはご挨拶して、自己紹介して知り合って、お付き合いしてみましょうと交流が始まって、価値観が合うかもとなっていく。そして、結婚すると同じ方向を向くようになる。一緒にプロダクトやサービスを共創するという視点も同じことだと思います」

　ヤッホーブルーイングが考える共創には2種類ある。

　ひとつは、「一緒に製品開発をする」というものだ。例えば「こういう味のビールが飲みたい」というリクエストをもとにレシピをつくり、ビールを開発していくといった活動

がそれにあたる。同社はサブスクリプションサービスを提供しており、その「VIP」にあたるお客さまからクローズドな形で意見を聴取し、そのお客さま限定で提供、あるいは販売するというものだ。これは、「顕在的なニーズの具現化」であると位置づけている。

　もうひとつは、「潜在的なニーズを掘り起こすサービスを一緒に開発する」というものだ。

　同社のミッションに深く共感してくれているお客さまと、ヤッホーブルーイングの今後の事業成長に必要なサービスをともに議論する。これこそが、佐藤氏が先ほど述べた「結婚して同じ方向を向いている相手との共創」にあたる。そのために、約50人の熱量の高いファンを招待し、「よなよな これから会議」というワークショップを開催した。その場ではなんと、同社の中期経営計画について「赤裸々に」共有したという。普段は非公開である同社の売上目標を開示し、そこに向けての課題を解決するためのアイデアを募ったのだ。参加者一人ひとりから「自分ができること」をアウトプットしてもらったところ、さまざまな面白いアイデアが出てきたという。

　「システムエンジニアの方が、アプリを作ろ

うと言ってくれました。クラフトビールは世界に種類が何百種類とあるが、ヤッホーはそのうち15種類ぐらいしかつくっていない。クラフトビールはバラエティで飲む楽しみがあるから、その日、その日、自分が飲んだクラフトビールをアプリでブックマークしていってやれば自分のコレクター日記になって、もっとクラフトが楽しくなるし、これをファン同士でシェアできたら、もっと広がるじゃないかと。『僕はアプリを作れるよ』と言ってくれました。

また、実現したものとしては、参加した方の一人がやりたいと言ってくれたファンミーティングのようなイベント。ヤッホーはどんどんイベントの規模が大きくなって、それは成長によるものだからすごく理解できるけど、僕は昔ながらの小さいイベントが好きなんだよと。『ヤッホーがやれないなら僕がやるよ』と言ってくださった。ファンの方が幹事になって、自分でチケットを売って、自分でレストランを予約して、よなよなファンをお呼びして、おもてなしをするということをやってくださったんです」

社外におけるアンバサダーの支援も組織づくりと同じであると、佐藤氏は語る。同社のミッションとお客さまができることとの「交わり」が見つかったら、それぞれのお客さまなりのやり方でアンバサダーをしてくれるのだという。ヤッホーブルーイングができることは、その交わりを見つけ、ファンがアンバサダーとして「自走」する支援であると考えており、今後はこちらの種類の共創活動を強化していきたい意向であるという。

かくして熱量の高いファンとの共創は、従業員とファンの境目をなくしていく。ヤッホーブルーイングが追求するミッションを応援するだけでなく、自らも「加担」したいと思ってくれるのだ。そのための気持ちづくりこそが共創であると、同社は考えている。

そして、それぞれの体験イベントや共創活動については必ずアンケートを定量、定性の両面から行っており、イベント全体および各コンテンツの満足度は数値化されている。また、インタビュー結果はすべて文字に起こしていて、すべての従業員がアクセスできるようになっている。その結果をもとに、次のお客さま接点づくりに向けた振り返りや、新しく参加した従業員に対する引継ぎが行われていく。

今後に向けての課題は、コロナ禍への対応としてスタンダードになりつつあるオンラインイベントの満足度を向上させること、そして各製品についてはトライアルの裾野の拡大だけでなく、リピート率をさらに高めていくことだという。ヤッホーブルーイングは、我々が提唱する「ツインリンクモデル」におけるEX×CX活動のそれぞれの要素を、ほぼ完璧に満たしている。「熱量の高いファン」をさらに増加させるためのなりわい革新は、今後も終わることなく続いていく。

au／KDDI

「通信」業から
「通信を中心としたライフデザイン」業へ

お話を伺ったのは

執行役員　経営戦略本部長‥‥‥‥‥‥‥‥‥
明田 健司氏
（取材時は経営戦略本部　経営企画部長）

1995年、KDD（現KDDI）入社。福岡、上海での勤務を経て、2001年からグローバル部門にて、海外での事業戦略企画を担当。2004年からはモバイルインターネット領域の事業開発・投資事業を担当。2007年から10年間にわたりIR部門にてマネージャー・IR室長の立場で機関投資家・アナリスト向けの広報活動に従事。コーポレート統括本部長付上席補佐を経て、2017年より経営企画部長として中期経営計画の策定と全社横断プロジェクトの取りまとめに携わり、現在に至る。

渉外広報本部　副本部長‥‥‥‥‥‥‥‥‥
鈴木 吾朗氏
（取材時は渉外広報本部　広報部長）

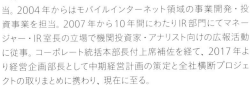

1994年、KDD（現KDDI）入社。大阪、フランスでの勤務を経て、1997年から法人営業部門にて、官公庁、学術研究機関向けのネットワーク、ソリューションビジネスの営業に従事。2003年からはコンシューマ事業のau商品企画部門にて、メールサービスやSkype等のコミュニケーションサービスの企画立案やプロダクト部門にて国内外のメーカーとauブランドのスマートフォンの企画、開発のプロダクトマネジメントのリーダーを歴任。2014年からは広報部へ異動し、マーケティング活動の一環として事業広報および企業価値向上のための企業広報活動等のさまざまなコミュニケーション施策の企画に携わり、現在に至る。

ブランド・コミュニケーション本部　‥‥‥‥‥
本部長 兼 宣伝部長 **馬場 剛史**氏
（取材時はコミュニケーション本部宣伝部長）

1995年、日本移動通信（現KDDI）に入社。カスタマーサービス部門でお客さま対応や、顧客対応システム・料金システムの構築などに携わる。2008年にコンシューマ関東支社にて営業戦略・ショップ戦略策定・推進に従事。2011年からコンシューママーケティング部に所属し、auブランドのマーケティング戦略を担当。2012年にauロゴ変更などのリブランドに携わる。2018年より宣伝部で、企業ブランド・事業ブランド（au/UQ/povo）のブランド戦略・広告宣伝を担当。2021年4月より現職。

通信からライフデザインへの「変革」、そして「融合」

　通信業界3強の一角として、常に日本のモバイル通信市場に君臨してきたKDDI。「au」はKDDIが運営するコンシューマ向けモバイル通信の事業ブランドである。KDDIは「au」の他に法人向け事業ブランドの「KDDI」、コンシューマ向け「UQ mobile」「povo」を展開している。企業としてのKDDIは2020年10月には20周年を迎えた。しかし、近年においてはモバイル通信市場の成熟化、同質化や新規事業者の参入、格安スマートフォンの普及や、政府による携帯電話料金の値下げの働きかけなどにより、通信事業のみに立脚した事業成長は難しくなっているのは衆目の一致するところでもある。

　そのような環境を受け、同社が数年前から打ち出しているのが「お客さまのライフスタイルをデザインする」という思いを込めた造語である、「ライフデザイン」という概念だ。具体的にはコマース、金融・決済、エネルギー、エンターテインメント、教育などの領域におけるサービスを積極的に推進し、あらゆるお客さまのライフステージに応じたさまざまなサービスを提供することで、ライフタイムバリューの最大化を図るという考え方である。

この取り組みを当初は「変革」という言葉でリードしていた同社であったが、2018年4月の髙橋誠社長の就任以来、「融合」という言い方に変更している。あくまで通信事業を通じて培った顧客基盤を同社の核と位置づけながら、コマース・金融・エネルギー・エンターテインメント・教育といったライフデザイン事業を拡大展開する「通信とライフデザインの融合」、というのが、現在の同社のなりわい革新についての発信の基本スタンスである。

「『変革する』と言うと、もともと通信をやっていた社員たちから『俺たちの時代じゃないんだな』と思われてしまい、反発を招いてしまいました。これではいけない、一緒にやっていくものだということで、『融合』と言うことにしました」

　新たな事業戦略を打ち出した時に、ドラスティックな言葉や施策でスピード感を持って推進したくなるのは世の常だ。しかしそれが行き過ぎると、これまでその会社の屋台骨を支えてきた既存の主要事業に携わっている従業員の反発を招き、結果的に思うように変革が進まない、ということもしばしば起こる事態である。さまざまな立場の従業員に対して、納得のいく形で丁寧にコミュニケーションを取っていくことの重要さが、同社のなりわい革新への取り組みからうかがえる。

新中期経営計画のもと、「なりわい」革新を加速

　2019年に策定した中期経営計画以降、同社のなりわい革新への取り組みは新たなステージを迎えている。まずは、企業ブランドおよび法人向け事業ブランドである「KDDI」においては「Tomorrow, Together」、個人向け事業ブランド「au」においては「おもしろいほうの未来へ。」という新ブランドスローガンを策定した。また、「目指す姿」として「お客さまに一番身近に感じてもらえる会社」「ワクワクを提案し続ける会社」「社会の持続的な成長に貢献する会社」の3つを掲げ、「通信とライフデザインの融合」からさらに踏み込んだブランド価値再定義を行い、同社のビジョンを示した。

　さらに新しい中期経営計画のもと、2020年5月には「KDDIが目指すSDGs」として、「KDDI Sustainable Action ～私たちの『つなぐチカラ』は、未来のためにある～」を対外発表した。加えて同年7月にはジョブ型の新人事制度や、社内DXによって在宅と出社のハイブリッドなワークスタイルを目指す「KDDI 新働き方宣言」を発表。現在は人事制度改革とSDGsへの取り組みの両輪で企業文化変革を推進している。

「『7つの事業戦略（「通信とライフデザインの融合」を含む）』に横串を通すものとして『目指す姿』があり、そこに『社会の持続的な成長に貢献する会社』を掲げています。事業戦略の上位概念としてSDGsの概念がありますので、事業とSDGsの推進を別々に考えるのではなく、一体化して考えるフレームワークになっています」

インターナル活動＝従業員体験デザイン（EX）のプロセス

　KDDIの「なりわい」革新へのアクションは複数年にわたる中で、さまざまな施策が重層的に積み重ねられている。具体的には

図34 KDDI Sustainable
Action
出典：KDDI WEBサイト

2019年の新ブランドメッセージの社内浸透に始まり、2020年からは「KDDI Sustainable Action」［図34］と「新働き方宣言」［p.106 図35］を両輪とした企業文化変革への取り組みである「コーポレート版500日活動」に発展する。連結ベースで約4万5000人を擁する巨大企業でありながらも、経営企画、人事、広報、宣伝部門を中心とした部門横断の緊密な連携によって、従業員への働きかけをきめ細かく、継続的に展開しているのは同社の大きな特徴と言えるだろう。当然そのプロセスにおいては非常に多くの施策が展開されているが、本書では同社に特徴的な取り組みを中心にクローズアップしていくこととする。

インターナル活動はビジョン策定の プロセスから始まっている

新ブランドメッセージの策定、および「KDDI Sustainable Action」のストーリー開発にあたっては、さまざまな部門から部長クラスの人材が集結した上で、電通のオリジナルワークショッププログラム『Power Session®』を活用し、組織の枠組みを超えて集中的に討議を行った。そして、そのこと自体が、その

後のインターナルコミュケーションの始まりでもあったと、明田健司氏、鈴木吾朗氏、馬場剛史氏は振り返る。

「普段はなかなか、『うちのブランドが何のためにあるのか、どうありたいのか』ということを話し合う機会がないため、改めてあの場でいろいろな部門の人が集まって、ああでもない、こうでもないと議論ができたことがすごく良かったです。そしてそこに参加したメンバーは、その後の活動でもエバンジェリストになって浸透させていくことになりました。お互いが何を考えているかもすでにわかっているし、バックグラウンドが一緒だからいちいち説明する必要がないため、非常に進めやすかったです。ブランドメッセージの策定について、みんな納得感を持ってできたので、『KDDI Sustainable Action』についても同じようにやりました」

ワークショップ自体が、部門間の壁を越えるインターナルコミュニケーションの場として機能しており、かつ、社内エバンジェリスト育成の場にもなっている。そして、プロ

図35 KDDI 新働き方宣言
出典：KDDI WEBサイト

ジェクトは経営トップである髙橋社長の信任を得て動いており、それぞれの部署に戻った際に影響力を行使できる立場の人材（部門のトップ）がアサインされていることも大きい。同社の円滑な部門連携の取り組みの背景には、ワークショップによるメッセージ開発から経営陣や部門間のオーソライズ、そしてその後のインターナル、エクスターナルの浸透施策までが、シームレスにつながる構造になっていることに着目すべきであろう。

見える化

「KDDI MUSEUM」が
可視化する過去・現在・未来

　ブランドメッセージの映像化と対外発信、あるいは「KDDI Sustainable Action」や「新働き方宣言」における社内報やイントラネットを活用した地道で継続的な情報発信など、社内浸透に向けての「定石」と呼べる施策については、同社においては都度、着実に実行されている。本書において注目したいのは、「先人たちの挑戦の歴史に学び、未来をデザインするミュージアム」をコンセプトとして、KDDIのDNAを感じてもらうために2020年12月に東京都多摩市にオープンした「KDDI

MUSEUM」の存在だ。

　このミュージアムでは、幕末のマシュー・ペリー提督来航に端を発する日本の国際通信の歴史に始まり、衛星通信や海底通信への挑戦などを、実機をもとに日本の通信事業の歴史を振り返ることから始まる。その次に、KDDIの前身会社である第二電電（DDI）と日本移動通信（IDO）の社史、および2000年10月のKDDI発足以降のauブランドの歩みにつながっていく。特にこれまで発売されたauブランドの携帯電話・スマートフォン約500機種と、au Design projectの製品・コンセプトモデルの壁面いっぱいの展示は圧巻だ。そして最後に、5G／IoTの体験価値のデモンストレーションと、まさに同社の過去・現在・未来を展望できる内容となっている。

「KDDIが社会に果たす役割を社内外に伝える施設として、『KDDI MUSEUM』をオープンしました。特に最近の従業員は、昔のことを全然知らないと思います。我々は何をしてきた会社なのか、先人がどういうことをチャレンジしてきたのかということをちゃんと感じてもらうような施設にしました。役員はじめ、従業員に必ずここを見ていた

だく活動を展開することができました。従業員からも、『このような施設があるのはいいことだよね』とか「（自分の会社の歴史について）あまり知らなかった』など、多くの反響があります。『KDDI Sustainable Action』でキーワードとなっている『つなぐ』という言葉の通り、昔は何をつないでいたのか、今は何をつないでいるのか、その多様性も理解できる内容になっています」

　本書の冒頭で述べた通り、我々が考える「なりわい」とは日本の企業が創業時から培ってきた企業風土、価値観といった「熱量を持った精神性」をも包含する概念である。「KDDI MUSEUM」の存在は、同社のいかなる事業イノベーションに向けた取り組みも、自社の創業のDNAに根ざして行われていることの象徴とも言えるのではないだろうか。

2020年12月にオープンした「KDDI MUSEUM」。
出典：KDDI WEBサイト

自分ゴト化
「タウンホールミーティング」と「ワクワクツアー」

　一般的に、大規模な組織になるほど、新たなビジョンを浸透させていくことが難しくなってくる。KDDIの特徴は、社内メディアを活用した発信や研修の実施もさることながら、経営陣と現場の対話、交流のプロセス、そして一人ひとりの従業員が腹落ちし、ビジョンを自分ゴト化させるプロセスに多大なエネルギーを割いていることが挙げられるだろう。

「新ブランドメッセージを策定したときには、なぜこのタイミングでブランドメッセージを変えなきゃいけないのか、そこに込めた思いというのを、年間を通して経営層が全国を回りました。経営方針を話しながら、

1年間かけて全社員に浸透させていきました」

　そして、同社の従業員の自分ゴト化に向けた主な取り組みとして、「タウンホールミーティング」と「ワクワクツアー」が挙げられる。

　「タウンホールミーティング」とは、オンラインで約1000名の従業員を視聴者として行うライブイベントを指す。「KDDI新働き方宣言」の社内浸透の際には、システムの上限から参加者の上限を1000名としたが、申し込みが大幅に上回り、抽選となったという。内容は経営陣および本部長クラスによるディスカッションが中心であり、さながらフランクな話しぶり版の経営会議が公開されているようなイメージであるという。そして、ディスカッションの最中にもオンライン上でどんどん質問が飛び交うなど、単なる「説明会」にとどまらない、双方向での緊張感のある場となっている。

　「ワクワクツアー」とは、髙橋社長が就任した2018年から行われている対話集会である。非管理職の従業員を主な対象として、海外も含めて各地の事業所に出向き、さまざまな世代や階層の従業員の生の声を直接聞くというものだ。こうした取り組みは同社では「全国行脚」と言われている。

　また、研修や勉強会についてもきめ細かく

プログラムが設計されている。「KDDI Sustainable Action」においては、SDGsに関する理解を深めるための勉強会を全従業員対象の画一的なプログラムではなく、本部ごとにカスタマイズした形で実施。それによって、「自分たちの業務にどう関係してくるのか」という意識が高まっていったという。そして「KDDI 新働き方宣言」においては、グループリーダー・部長層約2300名に対しての研修を数ヶ月間かけて実施する一方で、若手の選抜研修である「経営塾ジュニア」もスタートさせた。

新たな全社的な方針が出たら、必ず経営トップが「全国行脚」を行い、大小さまざまな規模で従業員との対話を重ねていく。社内勉強会や研修も、部門ごとにカスタマイズしていく。それらの取り組みを経営陣と現場が一丸となって推進していく姿勢は、同社の企業文化における強みのひとつであると言えよう。

行動化

「My SDGs宣言」と「全社重点KPI」

同社の組織文化変革に向けた取り組みは、さらに個人レベルの行動にまで落とし込まれていく。2020年6月には「My SDGs宣言」を実施した。すべての従業員が、自分がSDGsの達成に向けて何をするかを宣言し、

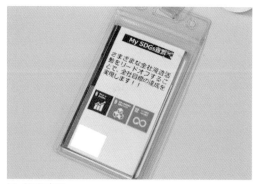

My SDGs宣言

社員カードと一緒に常に携帯するという取り組みだ。

そして、一人ひとりのSDGsへの取り組みを社内報、そして自社サイトで継続的に発信していくことで従業員の行動を可視化し、行動への気運を高めていくのだ。これを同社では「社員の顔が見えるPR」と呼んでいる。

「言葉と自分たちの業務が離れているのが、一番いけません。自分たちがやっている業務への意味づけをすると、一気に変わっていきます。現在は従業員の顔をちゃんと社内にも社外にも見せて、認知してもらうという活動に徐々にシフトしています。そして、みんなが何をやっているのかということを、地道に社内報で発信しています。部署単位、グループ単位でいろいろな活動が行われているので、見習うべき事例を選んで出しています。選ばれた社員も、自分が出ているとちょっと嬉しいものなんですよね」

加えて、社員を行動に駆り立てる効果が最も高かったのが、実は「目標設定」だったという。「KDDI Sustainable Action」に対する「共感納得率」および「行動率」が「全社重点KPI」に設定されたのだ。

「一番大きかったのは目標ですよね。会社が本気で数字まで作って。達成できないと全員の賞与が下がります。そして、本部ごとの達成状況まで見えてしまいます。目標設定は強制的ですが、会社が本気でやるぞという気合の表れでもあります。これは大きかったです」

これまで述べてきたような活動の結果、2020年度の「共感納得率」は94.9％、「行

動率」は76.4％と非常に高いスコアを獲得。前年から大きくスコアを伸ばすとともに、全社重点KPIで示された数値も上回った。さらに、人事改革面の成果を測る「社員エンゲージメントサーベイ」においても目標値を上回っている。そしてこの結果が共有されることで、同社の「なりわい」革新における各種の浸透活動が着実に実を結んできていることが、全社的に行動の成果として「見える化」されていくのである。

さらに、外部ステークホルダーからの評価も向上している。東洋経済が毎年公表する「CSR企業ランキング」において、KDDIは2019年、2020年調査において2年連続総合ランキング1位を獲得した。

同社のプレスリリースでもしばしば見受けられる「KDDIは、『通信とライフデザインの融合』を推進し、"社会の持続的な成長に貢献する会社"として、人々・企業・社会をつなぎ、さまざまなパートナーとともに、未来へワクワクする体験価値を創造していきます。」というフレーズが、着実に実態を伴って推進されていることがうかがえる。

文化化

「KDDI版ジョブ型」人事制度

「通信とライフデザインの融合」によるコマース・金融・エネルギー・エンターテインメント・教育などへの飛躍的な事業領域の拡がり。社会の持続可能性を前提としつつ事業を推進する必要性。そして、新型コロナウイルスの感染拡大を契機とした、ニューノーマルにおける新たなワークスタイルの創造。当然、求められる人材像や企業文化のあり方は、大きな変容を迫られる。「KDDI 新働き方宣言」では以下の3つが骨子となっている。

1. 従来のオフィス勤務を前提とした勤務形態から、テクノロジーを活用し、働く時間や場所にとらわれず成果を出せる柔軟な働き方に変革するための環境整備、制度改革を進める。
2. 同時に、役職や組織などによらず垣根を越えたコラボレーションを進め、オープンに知見を共有するカルチャーへの改革を進める。
3. 働き方とカルチャーの改革を通じ、社員の能力発揮を最大化し、エンゲージメントを高め、企業の持続的な成長を目指す。

そして、「全員がプロを目指す」というコンセプトのもとに、「KDDI版ジョブ型人事制度」がスタートしている。働いた時間ではなく成果や挑戦および能力を評価・称賛し、処遇へ反映することを目的とし、❶市場価値重視、成果に基づく報酬、❷職務領域を明確化し、成果、挑戦、能力を評価、❸Willと努力を尊重したキャリア形成、❹KDDIの広範な事業領域をフル活用した多様な成長機会の提供、❺「企業の持続的な成長」と「ともに働く人の成長」の5つの考え方に基づいた制度設計となっている。

例えば、新卒採用においては、職務内容を明確化し、本人の意思（WILL）を尊重する「WILLコース採用」を実施している。採用してから配属を決めるのではなく、採用する時にはすでに配属先が決まっている採用方式だ。2020年度においては約4割、つまり半数近くがWILLコース採用であったという。そして、今後は一律の初任給を撤廃する予定とのことだ。

また、年々増えてきている中途採用はそもそもジョブ型の採用であり、彼らは最初からパフォーマンス評価になじむと考えられている。現在、同社において年間の採用者数に占

める中途採用者の割合は約4割に達している。そうすると、彼らはもはやマイノリティではなくなる。これまで生え抜きの従業員中心、通信事業のキャリア形成が中心であった同社の企業文化に刺激を与え、変革をもたらす存在になっていくという。

「『KDDI版ジョブ型人事制度』は、外から見てもかなりの競争力を持つ制度にしました。現在は通信が中心で仕事をやってきた従業員が圧倒的に多い。この人たちが、ライフデザイン領域をはじめとするこれまで社内にない新しい領域において、自発的に一生懸命考えてビジネスにしていくように変わっていただかなくてはいけない。そのために、化学反応を起こす意味でも、外部のプロ、しかもエース級の人材を採用しています。そうすると、通信しかやってこなかった人たちが変わります。変わったら権限が与えられて、報酬も増えます。外部から来た一流の人材と一緒に仕事ができることで、スキルが育つ。それが、今回の制度を導入した大きな背景のひとつです」

KDDIでは新人事制度のもと、全社員が30の専門領域を申告し、それぞれの領域で高度な知見を持ったエキスパートとしてのキャリアを磨くことになる。例えばDX領域においては、1年間、DXの基礎から専門スキルまでを学ぶ人財育成の仕組み（KDDI DX University）も整備されている。

一方で、前述の「ワクワクツアー」を通じて若手従業員から寄せられた要望が多かったのが、社内の「副業制度」であったという。同社としても従業員が会社に寄りかかるのではなく、自分でキャリアを設計することを求める方向に転換しているため、2020年4月から希望制による「社内副業制度」が導入さ

れた。6ヶ月間、全体業務の20％を使って他部署の業務を行うことができる仕組みだ。従業員との対話の取り組みが経営層からの一方的なものではなく、そこで寄せられた生の声（従業員の本音）が会社の制度に反映されていることがうかがえる。

また、人材の高度専門化の流れに適応できない人材を切り捨てるのではなく、多様なキャリアの選択肢を用意しているのもKDDIの特徴である。現在の従業員のボリュームゾーンは50代であり、同社は彼らを「シニア」ではなく「エルダー」と呼んでいる。そのエルダー層に特化した募集制度として存在するのが「エルダー公募」だ。仕事の中には、例えば体力が必要等の理由で若手に向いていると思われる仕事と、経験や仕事人生への共感が求められるエルダーに向いていると思われる仕事がある。年に数回、社内監査や地方創生推進などエルダー向けの業務について公募をかけ、自分の意思で異動ができる制度を用意している。

人事関連の各種取り組みについては外部への情報発信やイベント登壇、メディア取材の獲得にも力を入れており、2020年にはドキュメンタリー番組の密着取材の対象にもなった。

au/KDDIのなりわい革新のプロセスが、プロダクトやサービスを通じてだけではなく、組織文化変革のプロセスも通じて発信されており、同社はそれを戦略的に推進しているのである。

エクスターナル活動＝
お客さま体験デザイン（CX）のプロセス

部門横断でCXデザインに取り組む
「CX推進会議」

KDDIでは現会長の田中孝司前社長の時代の2014年に成長戦略の根幹にお客さま体験（CX）を位置づけ、全社をあげた組織的な取り組みをスタートさせた。2015年には「CX推進部（現 DXデザイン部）」を設立するとともに、2016年にはお客さま体験価値改革プロジェクトの統括責任者として執行役員でコンシューマ営業本部長とコンシューママーケティング本部長を兼任（当時）していた菅隆志氏をCXO（チーフエクスペリエンスオフィサー：最高エクスペリエンス責任者）に任命した。

お客さま起点での一貫した「au」ブランドのお客さま体験を提供するための部門横断の「横串」的な取り組みが「CX推進会議」である［図36］。これは各部門の幹部が、部門の壁を越えて、CXに関する課題を議論し、方針策定を行う会議体である。CX推進会議ではCXデザイン部が策定された方針に基づき、各部門が自律的にauお客さま体験を改善できるようにリードしていく。

端末、アプリ、広告宣伝、報道露出、WEBサイト、店頭、コールセンターなど各部門が担当するお客さま接点はひとつであっても、すべての接点がauブランドのお客さま体験を構成するプロセスだ。部門最適に陥らず、お客さまへの共感をベースに全体最適でCXデザインを図るために、CX推進会議は欠かせない役割を果たしている。

そして、オンライン・オフラインにまたがる多様な接点をカスタマージャーニーとして可視化し、お客さまの気持ちの変化に寄り添

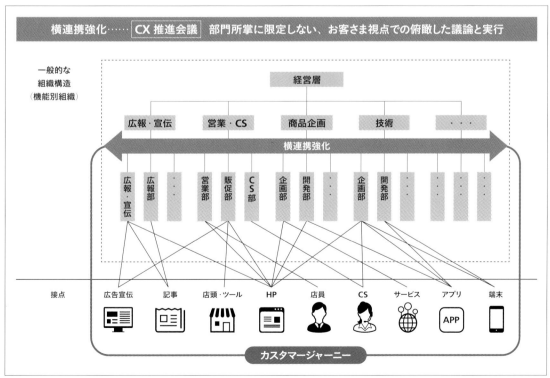

図36 KDDIにおける、CX推進体制イメージ
出典：宣伝会議2020年5月号

いながら、いつでもどこでもお客さまがやりたいことがすぐにできるよう準備しておく。そうすることでお客さまのカスタマーサクセスに貢献できるような環境を整える。それをKDDIでは「行動喚起型CX」と呼んでいる。

共感・支持

リアルとネットの両面から
ライフデザインを提案する

スマートフォンの普及に伴い、通信キャリアとお客さまの接点は大きく変化している。以前はKDDIであれば「EZweb」をプラットフォームとして、au発でお客さまにさまざまなサービスを提供できたし、実際に直接のお客さま接点を数多く持っていた。ユニークなデザインの端末も端末メーカーと一緒になって独自に磨き上げてきた。しかし、第2章前半の「DXが引き起こしたゲームチェンジ」で見たように、スマートフォン時代に突入すると、端末やインターフェース（OS）、SNSやECなどのさまざまなサービスは、通信キャリア発ではないものが大部分になった。「モバイル通信」業から「ライフデザイン」業へのシフトは、実は「お客さま接点の回復」という文脈からも読み解くことができる。

「スマートフォンが流行ってきてお客さまとの接点が失われつつある。いかにお客さまと直接つながってビジネスをやる会社になるかというのが、世界中のキャリアの共通の問題意識です。そのような中で、やはり通信だけにとどまっているのではなく、お客さまとの接点を通信以外にも拡げていかないといけないということが、『通信とライフデザインの融合』の背景にあります」

auとお客さま接点の「ライフデザイン」

への拡がりは、リアルとネット、両面から推進されている。

リアルについては、2020年11月から順次展開されている、お客さまのライフスタイルにあわせたライフデザインサービスの複合的な提案を狙いとし、新たな体験価値提供を実現する店舗コンセプト「au Style」が挙げられる。従来の「携帯ショップ」の枠を超え、KDDIが提供するさまざまなライフデザインサービスによって、お客さまのライフスタイルをより楽しくコーディネートするための最適な提案を行っていくという。その特徴としては以下の3つが掲げられている。

1. auおよびUQ mobileの魅力的な機種と最適なプランを発見できるだけでなく、お客さまのライフスタイルに合ったライフデザインサービスを知ることができる

2. 通信サービスだけでなく、ライフデザインサービス全般に関しての相談に対応する

3. デジタルトランスフォーメーション（DX）による先進的な店舗体験の提供を推進し、より利便性の高い店舗運営により新たな体験価値の創出を目指す

「デジタル化が進んだ中で、リアルの店舗のあり方も大きく変わってくるのかなと思います。これまでのいわゆる『ケータイショップ』には入りづらい側面もあったかもしれません。いろいろなものがベタベタ貼ってあって、中がよく見えなくて、お店に入ったらすぐ店員が寄ってくる。そういうところから抜け出して、携帯ショップではない、ライフデザインショップという位置づけの店舗を増やしていこうという方針です。ショップのあり方にも〈なりわい〉の変化は反映されています」

au Style店舗外観イメージ

KDDIがこれまで拡大してきたモバイルID数をベースとして、通話やメールだけでなくインターネット上で複数のライフデザインサービスをあわせて使ってもらうことで、ARPA（1契約あたりの収入）を上げると同時に、お客さまとのつながりを強めていくという方針を取っている。固定通信とモバイル通信のバンドルサービス「auスマートバリュー」や、通信とライフデザインによる「ライフデザイン版スマートバリュー」を積極的に展開することにより、お客さまとのエンゲージメントの深化を図り「ライフタイムバリュー（グループ会社を含むお客さま数（ID）×総合ARPU×利用期間（継続率）」の最大化を図っていく構えだ。

2016年4月の電力小売自由化に伴い、サービス提供を開始した「auでんき」は、利用料金に応じて最大5％相当分のau WALLETポイント（auの各種サービスを利用すると還元される同社独自のポイント）を還元するという料金プランが奏功、契約件数は288万件を突破している（2021年3月末時点）。また、「auでんき」とクレジットカード「au PAY カード」とのセット販売にも注力している。クレジットカード業界では後発だったKDDIにとって、「au PAY カード」のプレゼンスをいかに上げるかが課題であった。そこで、通信・電気・ガスといったお客さまの生活に不可欠なインフラサービスの料金支払いに本カードを利用してもらえるように、店頭での積極的なセット販売や、Pontaポイントとの連携強化などに取り組んできた。

またコマース事業においても、eコマースの総合ショッピングモール「au PAY マーケット」やTVショッピングサービス「ショップチャンネル」などに取り組んでいる。このように、通信とライフデザインの融合によって「au経済圏」の中での好循環を創出することにより、お客さまとのエンゲージメント強化および事業成長を実現する体制を推進している。

推奨・評価

「au PAY」が高めるNPS

ライフデザイン領域の利益拡大を牽引するドライバーとして同社が注力しているのが決済・金融事業だ。2019年2月、スマートフォンを預金・決済・投資・ローン・保険などのあらゆるサービスの入り口とし、「スマホ・セントリック」な決済・金融体験を総合的に提供する「スマートマネー構想」を発表[p.114図37]。同年4月にはKDDIグループの金融関連会社をまとめる持株会社「auフィナンシャルホールディングス」を設立した。さらにローソンとの提携、Pontaとの連携に

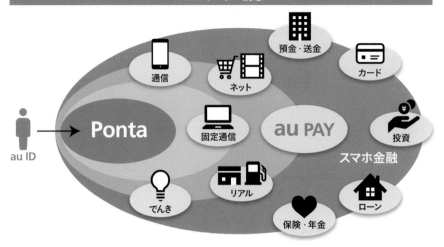

図37 KDDIの「スマートマネー構想」
出典：KDDI WEBサイト

スマートマネー構想

Ponta

au PAY

au ID

通信

ネット

預金・送金

カード

固定通信

投資

スマホ金融

でんき

リアル

保険・年金

ローン

よって、その会員基盤は1億人を超えた。2019年3月期の決済・金融取扱高は4.4兆円であったが、2021年3月期には9.0兆円まで拡大していている。

また、2020年1月には決済・コマース関連サービスの名称を「au PAY」ブランドで統一することを発表した。同社が「au PAY」に注力する理由として、決済・金融は日常的な消費活動であり、利用者数がもともと多く、頻度も多いことが挙げられる。同社のここ数年の分析により、お客さまとの接点が多いほどNPSが向上するという相関関係が明らかになった。特に、数あるライフデザインサービスの中でも、お客さまが日常的に利用する「au PAY」の効果が特に大きいことが判明したのだ。つまり、au PAYの利用頻度が高まると、そのお客さまから周囲の人への推奨意向も高まっていくというわけである。同社は「au PAY」を、決済・金融をはじめとしたさまざまな生活の利便性を向上するサービスが使える「スーパーアプリ」にするという構想を掲げている。通信サービスだけではお客さま接点が2～3年に1度の端末購入サイクルに限定されていたが、「au PAY」によって日

常的に接点を持つことが可能となるのだ。

「お客さまが直接auだなと意識するサービスがどんどん変わってきています。昔は、メールは100％auが提供するサービスでしたが、現在はSNSが中心で"by au"ではありません。〈au PAY〉は接触機会が多いため、スマホの中でキャリアが提供しているものとして面を取ってきていますので、必然的にそこがスーパーアプリ化していくことになります」

共創

公共性の飛躍的な高まりが促すパブリックリレーションの強化

「通信とライフデザインの融合」という「なりわい」革新は、通信という本来、公共性の高いサービスに加え、さらにお客さまの日常生活をサポートするさまざまなサービスを提供していくことで、生活に一層欠かせないパートナー的な存在になっていくということも意味する。それをスマートフォンひとつで賄える生活環境は、裏を返せば、そこに何らかのトラブルが起きると大きな不便が発生

し、あらゆる日常行動がダメージを受けるということでもある。生活インフラ事業者の多くがそうであるように、KDDIもその利便性に感謝されるというより、些細なトラブルでも批判を受けやすい立場になりつつある。

「スマホが普及して、やれることが非常に増えて、通信が止まると決済が止まり、コンサートにも行けずに電車にも乗れないということで、批判や炎上も起きやすくなっています。『使えて当たり前』であり、日常生活の中ではなかなか褒めてもらえません。我々の商品がいろいろなところに広がっているがゆえに、いろいろなお声をいただきますので、よりパブリックリレーションが難しくなってきたなと思っています」

しかし、普段は当たり前の存在として利用しているお客さまから、改めて同社のサービスのありがたみを感じてもらえる瞬間があるという。それは、災害時だ。

「災害の時には、〈つなげる〉〈つながる〉という本質の価値を感じていただけるタイミングです。震災の時とかリスクの発生時は、今や報道情報よりツイッターが大事になっていますので、そういうときにお客さまが求めているものを我々がすぐに把握して、お応えできるかということが非常に重要になってきています。世の中をちゃんと正確に把握すること、我々がどう見られているか、お客さまはどう思ってらっしゃるかということは、よりセンシティブになってきています」

前述の「KDDI Sustainable Action」においても、「つなぐチカラ」のひとつとして「命をつなぐ」が挙げられており、「災害対策・通信基盤の強靱化」が同社の主要アクションになっている。「ライフデザイン」業への「なりわい」革新において、SDGsへの取り組みも組織文化変革に組み込むことが不可欠である理由が見て取れる。

KDDIのCXデザインの取り組みは「CX推進会議」が中心となっていることは前述したが、全社的な取り組みとして、今後は、前述した社長による「全国行脚」である「ワクワクツアー」においても、改めて「お客さま接点」をテーマに据えることを検討しているという。

「ワクワクツアーの初年度（2019年）は、ブランドメッセージをテーマに実施しました。2年目である2020年は新人事制度がテーマでした。おそらく2021年度はもう1回原点に立ち戻って、我々って何のために会社があるのかと言われた時に、お客さまに一番身近な存在ということだよねというところに戻っていくと思います」

「通信とライフデザインの融合」のステージにおいては、組織文化はさまざまなテーマを抱合しながら進化・深化することを迫られていく。DX時代、お客さま接点はますます多様化・複雑化し、さらにお客さまが求める体験価値（CX）は年々高度化していく。au/KDDIの「なりわい」革新は、まさに終わることのないイノベーションへの取り組みなのだ。

SOMPOホールディングス

「保険」業から
「安心・安全・健康のテーマパーク」業へ

お話を伺ったのは

デジタル事業オーナー グループ CDO ……
執行役専務　**櫻﨑 浩一**氏

1981年、三菱商事入社。2000年より米
シリコンバレー等で5社のソフトウエアス
タートアップを経営（シリコンバレーに12
年在住）。2016年 SOMPO ホールディン
グスの CDO、2019年 Palantir Technologies Japan 社 CEO
就任（SOMPO CDOとの兼務）、2021年4月デジタル事業最
高責任者、7月 SOMPO Light Vortex 株式会社 CEO 就任。米
MBA / CPA、ITストラテジスト、プロジェクトマネージャ、第1
級陸上無線技術士、電気通信主任技術者、ディープラーニング
（Deep Learning）G検定等々ICT関連の資格を多数保持。

「お客さまの幸せのレベルを上げる」
ためのなりわい革新

　第2章の企業事例でも指摘したように、保
険業界を取り巻く市場環境は厳しさを増して
いる。少子高齢化、商品・サービスの同質
化・成熟化に加え、近年の自然災害の激甚化
も経営への大きな脅威だ。さらに、今後自動
運転が普及していくと、自動車保険のビジネ
スモデル自体が根本から揺るがされる可能性
もある。脅威を増す外部環境の中、SOMPO
ホールディングスは櫻田謙悟グループCEOの
強いリーダーシップのもと、保険業界の中で
先陣を切って「なりわい」革新を進めてきた。
　今回インタビューしたデジタル事業オー
ナー グループCDO（最高デジタル責任者）執行

役専務である櫻﨑浩一氏は、2016年に同社
にCDOとして参画する以前は、シリコンバ
レーにおいてスタートアップ企業の経営者で
あったバックグラウンドを持つ。長年、お客
さま体験（CX）の競争においてしのぎを削っ
てきた櫻﨑氏がまず指摘したのは、保険会社
とお客さまの関係を根本から考え直す必要性
についてであった。それは、櫻﨑氏が入社直
後に櫻田グループCEOと語り合ったテーマ
でもあるという。

　「実は、保険は『転ばぬ先の杖ではない』こ
とを誰もわかっていない。そこが最大のポ
イントなのです」

　櫻﨑氏の指摘の主旨はこうだ。保険という
ものは、「日常生活における、特別に幸せで
も不幸せでもないとき」には用がない商品で
あり、交通事故に遭ったとき、病気になって
しまったとき、配偶者が亡くなってしまった
ときなど、「不幸な体験をしたとき」に初め
て使うものである。だから「転ばぬ先の杖」
ではなく、「転んだ時に初めて使うもの」。し
かし、それによってお客さまの不幸が完全に
元に戻るわけではない。例えば、自動車事故
で人を死なせてしまったら、その心の傷は一
生残る。病気になっても、治療費は出るがそ
の痛みまでをなくすものではない。つまり、
不幸を少しだけ緩和するということではなく、

そもそもの幸せのレベルを上げていくことが必要だ、という発想こそが、SOMPOホールディングスの「なりわい」革新の根本にある考えなのである。

「我々の『安心・安全・健康のテーマパーク』というのは、転ばぬ先の杖をつくる、もっと言えばそもそも転ばない、ということです。足腰がとても強くなって、転ばそうと思っても転べないくらいにする。安全でしょうがない、健康でしょうがない、いつも安心である。と感じてもらう。幸福度が下がったときに少しだけ上げる、ということではなくて、現状からもっと上に上げる。それはSDGs、ESGといった社会価値の側面からも必要なことであり、決定的なバリューなのです」

インターナル活動=
従業員体験デザイン(EX)のプロセス

見える化

"SOMPO Digital Lab" (デジタル戦略部)という「デ島」

同社の「なりわい」革新の拠点とも言える

のが、2016年4月にSOMPOホールディングス内に設置された"SOMPO Digital Lab"(以下、デジタル戦略部)である。東京、シリコンバレー、テルアビブ(イスラエル)の3カ所に拠点を持つ、日本国内のみならず海外グループ会社を含めた、グループ全体のデジタルトランスフォーメーションの実現に向けて設立された組織だ。デジタル戦略部が同社の主要事業である国内損保事業、海外保険事業、国内生保事業、介護・シニア事業、ヘルスケア事業を巻き込む形で、既存事業の変革と新規事業創出の両面から同社のDXの原動力となっている。

そして、楢﨑氏がグループCDOとして着任したのが2016年5月。楢﨑氏は、デジタル戦略部をデジタルの「デジ」と出島の「島」を掛けて、「デ島(デジマ)」と呼んでいる。まさにデジタル戦略部という「新しい島」、そしてシリコンバレーからCDOとして参画した楢﨑氏の存在そのものが、同社のなりわい革新に向けた本気度の「見える化」であると位置づけることができる。

デジタル戦略部は、同グループの企業理念体系とは別に、以下の写真のような独自のミッション、ビジョンを掲げている。

SOMPOホールディングスデジタル戦略部内に掲出されている独自のミッション、ビジョン

〈Our Mission〉

SOMPO Digital labが追求するもの。それは、これまでにない「安心・安全・健康」の体験価値の創造。進化するデジタルテクノロジーを見極め、お客さまに新しい価値をもたらす挑戦者であり続けます。

〈Our Vision（抜粋）〉

事故をなくす。災害をなくす。病をなくす。目指すのは、保険が必要ないほどの安心・安全・健康な世界

「『保険が必要ないほどの安心・安全・健康な世界』が我々のビジョンです、と言っている時点で、保険会社でいられるわけがありません。だって必要なくするわけですから。このミッション、ビジョンが我々にとってベストだと思っているので、これを追求するのみです」

SOMPOホールディングス内に設置され、デジタルを文化として根付かせるための「デ島」。企業理念とは別に、部署自体の理念体系を持っているところからもその独特な立ち位置がうかがえるが、事業部門の巻き込みにおける「見える化」の実質的な役割を果たしたのは、楢﨑氏が「日本企業としてはダントツ」と自負する大量のPoC（Proof of Concept：新しい概念やアイデアなどの実証を目的とした検証やデモンストレーション）であるという。

シリコンバレーやテルアビブのテクノロジーから着想を得ることもあれば、事業部門から相談されることもある。そして「3ヶ月以内」という短期間でトライアンドエラーを繰り返しながら、組織としての経験値を高めていくのだ。

「哲学的な話だけではなく、目に見えないと

人間は変われません。デジタルっていうのはこういうもので、お客さまが喜ぶんだ、あるいは自分たちの仕事もやりやすくなるんだというところをいかに実装するかが大事です。PoCはこれまで300ほどやっています。そのうちでサービス化した案件は50くらいです。ダメになったやつもあるし、商品化されることもあります。それを繰り返していると失敗の経験も含めて、関係者全員のレベルが"ガッと"上がるんですよ」

加えて、PoCに参画している従業員だけでなく、広範な従業員にデジタル戦略部の存在を「見える化」しているのが、損保ジャパンで活用されているAIを活用したナレッジ検索システム「教えて！SOMPO」だ。

「教えて！SOMPO」は、「保険商品や契約管理に関する情報の格納場所が散在しており、一括で検索できない」、あるいは「営業活動に有効な情報や知識を共有するためのプラットフォームがない」といった従業員の悩みに応えるために、デジタル戦略部が開発したシステムだ。そして現在は、委託代理店にも活用の幅が広がっている。AIであるがゆえに、利用者の悩みに対する適切な回答が返ってこないこともある。しかしそうして「教えて！SOMPO」が「育っていく」プロセスにこそ意識改革のポイントがあると楢﨑氏は語る。

「『教えて！SOMPOが使えない』と言われたことがあります。聞いてみたら、正答率が7割だったというのです。しかし、AlexaもSiriも、まっとうな答えばかりが返ってくるわけではないですよね。みんなに『叩かれながら』だんだん賢くなっていくのです。『システムを100％完璧に作ってから持ってこい』という考え方こそ、打破したい古い考え方です。『これはアジャイル開発なので、皆

さんに鍛えられながら成長するので、むしろ違っていたら突っ込みをいっぱい入れてください』と言っています。そうして叩いて、どんどん使えるようになっていくことで、『教えて！SOMPO』の成長だけでなく、ユーザー（従業員）も成長していくのです」

多くの従業員が使用するナレッジ検索システムにおいて、AIの使いこなしに試行錯誤しながら、デジタルに習熟していく従業員体験（EX）を提供する。まさに、同社のなりわい革新の面目躍如と言えるアイデアである。

自分ゴト化
「縁の下の力持ち」に徹することで
周囲を巻き込む

デジタル戦略部は「虎の穴」

楢﨑氏はデジタル戦略部を「虎の穴（人材育成のために厳しい訓練を課す場）」に例えている。各事業会社から、保険ビジネスをはじめ既存事業に精通している優秀なメンバーを集め、デジタルに関する知識、スキルを徹底的に教育し、「教師」に育てる。そしてそのメンバーが元の事業会社に戻り、エバンジェリストとして自分の部署のDXを推進していくという、デジタル戦略部と事業部門が密接に連携した仕組みを構築している。

「人間はどこまでいっても、人と人が一緒に働いて、人が人から教わるということだと思っています。私は、他の部から来た人間にこう言ったことがあります。『ようこそ虎の穴へ。君たちは、身体で言うと"保険筋肉"や"営業筋肉"がビンビンについている。ここでは"デジタル筋肉"をつけてスーパーマンにして帰すから、これから"デジタル腕立て伏せ"をして、デジタル筋肉をつけようぜ』と。みんな笑うんですけど、デジタルの考え方を理解し、新しい発想ができる人材を本気になって育てなければいけません。そして『デジタルって面白くて、しかもすごく話が早い』という意識も植え付けて帰すのです」

同社では「AI」「Big Data」「CX Development」「Design Thinking」を「ABCD戦略」と呼んでおり、「デジタル時代の読み書きソロバン」と位置づけている。新入社員から経営層まで、皆が持つべき基礎的な素養だと考えており、デジタル戦略部に蓄積されるノウハウをグループ内にフィードバックする形でグループ全体への浸透を図っている。さらに、教育研修や実務を通じた能力開発にも取り組んでいるという。

予算はデジタル戦略部、手柄は事業部門

一般的に、従業員の自分ゴト化においては、30代以下の非管理職層の従業員はデジタルネイティブでもあり、DX推進に向けた変革を歓迎してくれる傾向が強いが、再前線で既存の事業を牽引している管理職層の意識変革を図ることは容易ではない。そのため、事業部門におけるDXの推進において楢﨑氏が心掛けていることがある。それは「デジタル戦略部は黒子に徹する」ということだ。具体的には、PoCの開発予算はデジタル戦略部で負担する。しかしそれが事業化されて成功したら、その手柄は事業部門に譲る、という基本スタンスである。そういった姿勢を見せることで、事業部門の管理職層を巻き込むためのハードルが下がる。さらに、事業部門で生まれたアイデアをデジタル戦略部に持ち込んでくれるようになる、という好循環が生まれる

のだ。

「デジタル戦略部ができたときに、『俺たちは縁の下の力持ちになろう』と決めました。予算はこちらが持っていますが、事業化されて成功したら褒められるのは事業部の担当および課長で、基本的に表彰されるのは彼らです。そうすると向こうから、デジタル戦略部とやっていると仕事がやりやすくなっていいな、と思ってもらえる。彼らが『勝つパターン』にしてあげることがすごく大事です」

経営層の意識改革を図る「飲みニケーション」

さらに、楢﨑氏が経営層との円滑なコミュニケーションを図るために就任当初に心掛けたのは「飲みニケーション」だという。

「実はベタなんですけど、『飲みニケーション』をやりました。役員との打ち合わせと合わせて飲みニケーションをして、シリコンバレーに誘うんですよ。気候も良くて、ワインも美味しいですよと言って。現地に行って、GoogleにもAppleにも元の部下がいたりするし、スタートアップと現地で会ったりもします。そうすると『デジタルってこういうことだ』ということがわかってもらえて、帰国して部下たちに『すぐやれ』と言ってくれます。こういうことはすごくありました」

日本企業においては、外部から来た専門人材が、生え抜きの従業員とうまく融合できず、円滑にDXが推進されない、ということはしばしば耳にする話である。最新のテクノロジーや合理的な組織づくりなど、スマートな

話題が先行しがちなデジタル領域ではあるが、楢﨑氏が語るエピソードからは、人間同士のコミュニケーションを重視し、情理を使い分けながら地道に、我慢強く組織内に「仲間」を増やしていくことの重要性を再認識させられる。

「アイデアらぼ」と「Future Care lab」による創発

デジタル戦略部と事業部門の風通しが良くなり、緊密な連携が常態化してくると、事業部門の方からも新しいアイデアを考える気運が高まってくる。事業会社の損保ジャパンにおいて現在行われている取り組みが、「アイデアらぼ」だ。「成長に資する、より良い会社にするためのアイデア」というテーマで、従業員が担当業務の枠を超えて新たなビジネスの仕組みなどについて考え、役員に直接提案できる場である。従業員による提案制度を設けている企業は多いが、「アイデアらぼ」の大きな特徴は、優れたアイデアはその場で役員が承認し、即実施に移ることにある。同社の西澤敬二社長の発案で始まった取り組みだという。

「たとえ若手社員であっても、西澤はじめ役員の目の前でプレゼンして、いいアイデアであれば、『予算をつけて、今日からやろう』ということになります。そうすると、社員が明るくなるんですよ。『あれ？ うちの会社は本当に変わっていくぞ』と損保ジャパンの全員が思うわけです。西澤はそこまで見抜いてやっているのではないかと思います」

楢﨑氏がもうひとつ挙げるのが、SOMPOホールディングスおよびSOMPOケアが2019

Future Care Lab in Japanの様子。

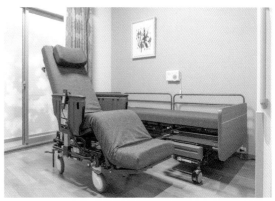

出典：Future Care Lab in Japan WEBサイト

年2月に東京都品川区にオープンした研究所「Future Care Lab in Japan」だ。ここでは、介護に関する国内外の最新テクノロジーの実証などを行う。従来の人間だけに頼る介護の仕組みは限界に達している、という問題意識から「人間」と「テクノロジー」が共生する新しい介護のあり方を創造し、より少ない負担で質の高い介護サービスを提供できる、持続可能な介護事業モデルの構築を目指して開設された。デジタル戦略部を参考にして作られた組織であり、出向や出張などの形態で人材および技術協力を行っている。「Future Care Lab in Japan」の大きな特徴として挙げられるのが、「IoT×介護を追求する、未来の介護プロジェクト」を掲げ、排泄介助・入浴介助・食事介助・見守りなどの介護に関する未来のテクノロジーの提案を随時募集していることだ。外部パートナーとのコラボレーションによって意識変革が加速していくことに、楢﨑氏は大きな手応えを感じている。

「介護分野で自分の製品を試したい人や、一緒に開発したい人来たれ！とやったら、お風呂のメーカーや車いすのメーカーなど、いろいろな会社が来てくれました。私たちの介護事業会社では現在約8万人もの方々へ介護サービスを提供していますので、そんな先進的なところでやるなら、『是非うちも

お願いします』とどんどん集まってきます。ここでどうやったらより良い介護ができるか、どうやったらウェルビーイングにつながるかということを徹底的に追求しているうちに、デジタル化ということだけでなく、そこに関わる人たち全員の意識がかなり変わっています。素晴らしい台風の目になっています」

デジタル戦略部から始まった変革のうねりは各事業会社にも拡大し、かつ一過性に終わらず、恒常的に創発が生まれる場づくりも着々と進んでいることがうかがえる。そしてそのうねりは社内だけにとどまらず、社外のプレイヤーも巻き込みながら、熱量を伴って増幅を続けているのだ。

文化化

組織に「スタートアップメンタリティ」を醸成する

「Sprintチーム」から始まる組織文化変革

デジタル戦略部は、チームづくりおよび組織文化にも新しい風を吹き込んでいる。その象徴として挙げられるのが、2018年7月に同部内に発足した「Sprintチーム」だ。PoCに際して、外部のSIerやベンダーを起用して

いるだけではコストもかかり、開発期間も長期化してしまう。かつ、内部にデジタルの知見やノウハウがたまりにくくなるという課題意識から、自らが事業部門の課題に応えるアプリやシステムを開発するチームとして立ち上げられた。

所属する約40名（2021年3月時点）のうち、半数以上はフリーランス。社員も中途入社が大部分であり、プロパー社員はごくわずか。9割以上が社外からの人材で構成されている。

多様なバックグラウンドを持つメンバーを束ねるにあたって、楢﨑氏が心掛けているのが「組織をピラミッドにしない」ということだ。それは、同社における従来の組織文化への挑戦でもある。

「会議の前に担当が係長に説明して、係長が課長に、課長が部長に、そして役員のところに来るときには5回くらい紙が書き直されている。そんなもの全部やめろ、直接一緒に話してその場で決めちゃおうぜ、といったことをやりました。アメフトに例えると、ランが得意な者もいれば、パスが得意な者もいる。さらにディフェンスが得意な者、攻撃が得意な者……そういう『異能』を社内外からガシャッと集めて、それぞれの『個の力』を尊重し、あまりピラミッドにはしない。組織にスタートアップメンタリティを醸成して、一言で言うと『活き活きした組織づくり』をしたいと考えています」

こうした取り組みの効果は、単にデジタル戦略部のメンバーのスキルや生産性が向上することにとどまらない。他の部門からも、若手社員を中心に憧れの対象になり、「草の根のコミュニティ」が次々とできていき、人事部門からも注目されるようになったという。創業から130年を超える日本の保険会社の「デ島」に芽生えた「スタートアップメンタリティ」は、ひとりでに社内に「しみ出して」広がり続けている。

「失敗を恐れない」文化をつくる

SOMPOグループ全体として、組織文化変革にあたって内外に掲げているキーワードが2つある。「ミッション・ドリブン」と「リザルト・オリエンテッド」だ。「ミッション・ドリブン」とは、「自分のミッション（使命）に突き動かされ、働きがいを感じながら働くことにより、価値を創出すること」、そして「リザルト・オリエンテッド」とは、「生み出した価値（結果）を評価し、報酬を決定する仕組みを構築すること」を指す。この2つのキーワードのもとに推進されているのが、「SOMPOの働き方改革」だ。同社はこれをグループの進化を支える組織文化を変革する「創業130年で最大のプロジェクト」と位置づけている。

例えば、SOMPOホールディングスでは2021年4月から、すべての部長職を対象に、能力や成果に応じて報酬などを決める「ジョブ型雇用」に切り替えた。個人の力量を発揮しやすい環境を整備するとともに、「ミッション・ドリブン」のコンセプトのもと、「一人ひとりの社員が自分と向き合い、自分の人生のミッションを考え、定義する」ことを従業員に求めていく。

そして事業会社の損保ジャパンでは2020年10月から、勤続年数に応じて昇給や昇進が決まる年功序列から脱却する新たな人事制度を導入。従来40歳前後で昇格する課長職に、制度上は20代でも就けるようになった他、管理職の課長昇格まで経る必要があった5区分の「役割等級」を3区分に削減した。

また、同じく事業会社のSOMPOひまわり

生命では2020年4月から「生産性評価制度」を導入。同等の成果やパフォーマンスを発揮した場合、より労働時間の短い社員が評価されるなど、まさに「リザルト・オリエンテッド」のコンセプトに基づく人事制度であると言えるだろう。

実力主義の色合いを急速に強めているSOMPOグループであるが、櫻田グループCEOの真意は、同社に根付いている「減点主義」の企業風土を、失敗を恐れずに果敢に挑戦する風土に変革していくことにあると、櫨﨑氏は自身の入社時の面接におけるエピソードをもとに語る。

「櫻田から面接のときに『櫨﨑さんは失敗したことはありますか』と聞かれました。『売るほどあります』と答えたら、頭から全部教えてくれと言われたので、一個ずつ全部説明しました。後で、なんであんなことを聞いたんですかと尋ねたところ、この会社は減点主義である、と。間違った人がマイナス評価になってしまう。人より10倍稼いだからといってトップ昇進をするわけではない。だからみんな失敗をしなくなってしまった。だから櫨﨑には失敗してほしい、失敗したらみんなの前で思いっきり褒めてやると言われたのです」

櫨﨑氏は、DXにおいてもトップの「パッション」や「人間臭さ」といったアナログな一面は不可欠であると言い切る。トップの覚悟、そして熱量は従業員に対して、そして社外に対しても「しみ出して」いくものなのだ。

エクスターナル活動＝
お客さま体験デザイン（CX）のプロセス

共感・支持

「年に一度」から
「24時間365日」への変革

読者の皆さまの保険会社とのやり取りを思い出してほしい。冒頭の櫨﨑氏からの保険業におけるお客さま体験（CX）についての指摘からもうかがえる通り、保険商品の加入後においては、保険会社とお客さまに密接な接点が訪れるのは、事故や病気などの「インシデント」の発生時であり、平時においてはお客さま接点自体が、極めて限定されているのが特徴だ。第2章で同社のなりわい変革について述べた際に紹介した通り、SOMPOホールディングスは2021～2023年度の中期経営計画の基本戦略に「新たな顧客価値の創造」を掲げている。その中核的な役割を果たすのが、リアルデータを活用したソリューションの開発やスマートフォンアプリやウェアラブル端末である。

例えば、第2章の企業事例でも紹介した法人向けの自動車保険「スマイリングロード」は、ドライブレコーダーに記録されたドライバーの走行データを管理者が分析し、ドライバーに対して安全運転の指導や評価ができる仕組みであるが、その時のドライバーとの接点になるのが、同社が開発したスマートフォンアプリである。そのアプリが持つ主な機能は以下である。

❶「安全運転度」の診断
ドライバー一人ひとりの安全運転度を診断し、結果をフィードバックする。加速／減速／ハンドリング／エコなどの6項目をそ

「スマイリングロード」が
提供する安全運転診断

れぞれ判定し、今後の安全運転に向けての
アドバイスも送られる。

❷ ランキング表示機能
運転診断結果のスコアが上位の人は、毎日
ランキングで発表される。ランキング上位
者に対してプチギフトをプレゼントできる
機能も搭載されている。

❸ マイル付与によるプレゼント機能
運転診断の結果に応じて、マイル（ポイン
ト）が付与される。貯めたマイルを使って、
プレゼントに応募することが可能である。

❹ タイムライン機能
運転診断結果やランキングなど、良い結果
の情報がドライバー本人/社内のタイムラ
インに自動投稿される。タイムライン内で
「いいね」を送り合うことで、社内の安全
運転意識の向上を促すことを目的としてい
る。

❺ 社内向けプロフィールアイコン機能
一人ひとりのドライバーが自分でプロ
フィールアイコンを設定することができる。
社内メンバー間の親近感を高めることを目
的としている。

　上記の機能を見てもわかる通り、アプリに
おいてはドライバーを監視するだけでなく、
安全運転に対するモチベーションを自発的に
高めてもらうための仕掛けがなされている。

❶〜❸においては「管理者がドライバーを
ほめる仕組み」を、❹〜❺においては「ド
ライバー同士がほめあう仕組み」を実装して
いることがご理解いただけるだろう。「事故
が起きたときに補償する」という従来の保険
業の枠を超え、「ドライバーの安全運転の意
識を高め、事故そのものが起きにくくなる」
という、まさに「安心・安全・健康のテーマ
パーク」への「なりわい革新」を、お客さま
のディライト（感動）体験の側面から具現化
する取り組みなのだ。

　また、SOMPOひまわり生命では、健康
サービスブランド「リンククロス」の傘のも
と、生活習慣病の予防をサポートするアプリ
「リンククロス 健康トライ」を提供している。
スマートフォンで健康診断の結果を撮影する
だけで、生活習慣病リスク（血圧、血糖値、脂
質異常など）を6年後まで予測したり、スマー
トフォンを顔に向けるだけで現在のストレス
レベルを判定できるサービスなどが搭載され
ている。そして2021年1月には、スイスの
デジタルヘルスエンゲージメント企業である
dacadoo社と、「からだ」「こころ」「ライフ
スタイル」の健康状態をスコアリングし、0
〜1000の数値（ヘルススコア）で表示、一人
ひとりのお客さまの健康状態に応じたコーチ
ングを提供する「リンククロス スコア」を
共同開発、サービス提供を開始した。こちら
も同社の「スマートデジタルコーチ」のガイ
ダンスによる年中無休のガイダンスを提供し
ているほか、他のユーザーとつながってスコ
アや活動状況を共有したり、ユーザー同士で
競い合ったりできるコミュニケーション機能
も搭載されている。SOMPOひまわり生命は、
保険本来の機能（Insurance）に健康を応援す
る機能（Healthcare）を組み合わせた、「Insur-
health（インシュアヘルス）」という価値提案

を掲げ、「安心・安全・健康のテーマパーク」への「なりわい」革新を推進している。

また、自社開発アプリだけでなく、普段お客さまが頻繁に活用しているアプリの中に接点を持つサービスも展開している。

例えば、損保ジャパンでは2018年10月には、「『LINE』を活用した事故受付・事故対応サービス」を開始した。「LINE」が提供する法人向けカスタマーサポートサービス「LINE カスタマーコネクト」を活用し、事故受付・事故対応時にお客さまと担当者がテキストチャットや画像のやり取りを行うことができるサービスである。また、これまで郵送が必要だった書類（領収証や損害写真等）を、チャット上で画像送信することで請求することもできるようにした。海外旅行保険においても、「LINE」の自動応答機能（チャットボット）を活用した24時間、365日の事故の連絡が可能となり、旅行先でトラブル遭遇した場合でも、事故の連絡から保険金の支払い手続きまで、スマートフォンで完結できるようになった。従来の、事故に関する電話を保険会社からかける形では、お客さまが仕事中のときには対応しづらいといった不便さがあったが、その面に関しても改善が図れるサービスである。つまり、単に手続きが便利になっただけではなく、保険商品の利用におけるお客さまのペインポイントも改善されたのだ。ちなみに、「LINE」で事故の連絡からその後の手続きまでを一貫して対応できるサービスは、保険業界で一番乗りの試み（同社調べ）であったという。

なお、LINEサービスで取り扱うお客さま情報は、LINE社から独立した環境に構築されており、保有するお客さま情報に対して外部からのアクセスはできないように制御している。

「保険とお客さまの接点はこれまでは残念ながら、紙だけ送られてきてハンコを押すという、『1年に一度』でした。これでは全く話になりません。それに対してスマホは、寝る時も横に置いているもの。お客さまと一番近いのは、スマホなのです。お客さまが気づかなくても見守っているということも含めて、『24時間365日』でちゃんと守っていますよ、ということが大事なのです。強制的ではないやり方で、お客さまに使っていただけるようなユーティリティーを求めて、どんどんローンチしています」

と、楢﨑氏は語る。シリコンバレーにいた楢﨑氏はカスタマーイン型の開発手法に馴染んでいたが、「年に一度」のお客さま接点では、「お客さまの顔が見えるわけがない」ということから、当初はプロダクトアウト型でのPoCを推進していった。しかし、デジタル上でのコンタクトポイントが増えていくと、お客さまのフィードバック情報がどんどん入るようになり、お客さまに「叩かれながら」サービスを改善することが可能になっていったという。今後もお客さま接点を拡大していく余地は「まだまだある」と、手応えを感じている。

推奨・評価

「保険以外のサービス」が
お客さま層の拡大を牽引する

これまでは「年に一度」であったお客さま接点の頻度やサービスの幅が拡大してくると、新規のお客さま獲得のメカニズムにおいても変化が表れ始める。その一例としては、高齢になったお客さまが運転免許証を自主返納するときが挙げられる。従来であれば、そこで保険会社とお客さまの関係は終わってしまう。

しかし、現在はそのモーメントにおいて、クロスセルに向けた新たな提案ができるようになっている。

例えば、DeNAとSOMPOホールディングスが設立した合弁会社「DeNA SOMPO Mobility」が提供する個人間カーシェアサービス「Anyca」。カーシェアに加えて、条件付きで一定回数クルマを無料で利用できる「0円マイカー」の提供という、サブスクリプションモデルのサービスも展開している。この事業があることによって、高齢のお客さまが運転免許証を自主返納するモーメントにおいて、「クルマを売るのではなく、カーシェアをしましょう」という提案をすることができる。

また、駐車場を保有しているお客さまには、「その駐車場を貸しませんか」と提案することもできる。SOMPOホールディングスおよび損保ジャパンは、2019年10月に駐車場シェアリングサービスを展開しているakippaと提携し、共同で事業を推進している。

損保ジャパンは全国に約5万店の保険代理店を保有している。akippaにとっては強力な販売チャネルとなり、損保ジャパンにとっても高齢者がクルマを手放すタイミングを新たなビジネスチャンスにすることができるという、WIN-WINでの新事業の展開が可能となっている。

さらに、高齢者が認知機能の低下を自覚し、運転免許証を自主返納するという考え方が社会的に広がっている中、認知症に対するサポート商品・サービスも幅広く展開している。「SOMPO認知症サポートプログラム」では、認知機能チェック、認知機能低下の予防サービスを中心に、介護関連サービスの情報までも網羅した国内最大規模のプラットフォーム「SOMPO笑顔倶楽部」を提供している他、認知症になったときの経済的な備え

のための商品である「笑顔をまもる認知症保険」、親が要介護状態に該当してから最大10年間にわたって介護に要する費用を補償する「親子のちから」、そして、SOMPOケアブランドにおける介護付有料老人ホームやサービス付き高齢者向け住宅といったサービスも存在する。自動車保険の枠の中では、従来は関係を構築することができなかったライフステージのお客さまにおいても、ビジネスを拡大し始めている一例である。

一人のお客さまに保険以外のサービスも提案していくクロスセルの試みに加えて、デジタル上で完結できる保険サービスも展開している。

例えば、損保ジャパンの子会社で少額短期保険のMysuranceでは、スマホで加入できる保険サービスを開発、展開しており、2020年から格安SIMのスマホ向け専用商品「スマホ保険」を扱っている。月額200円から加入でき、画面割れなど破損した際の修理費を補償するものだ。また、Yahoo! JAPANが運営するインターネット旅行予約サービス「Yahoo!トラベル」とのパートナーシップのもと、急な入院・通院や天候不良など思いがけない理由によって国内の宿泊先や航空券をキャンセルした際に補償する「宿泊キャンセル保険」「旅行キャンセル保険」、予約した飛行機の遅延・欠航が発表されたためにかかった費用を補償する「フライト遅延保険」を提供している。やむを得ない事情で国内旅行に支障が生じた際の、旅行者の費用負担への不安に対応するサービスである。

楢崎氏は、こういった形での顧客拡大のビジネス規模はまだまだ大きなものではないとしつつも、「なりわい」革新についての前進をこのように語っている。

「多分将来は、お客さまから『SOMPOって、

昔は保険会社だったの？』って言われるようになるでしょうね。それは櫻田の夢でもあるのです。今はまだ入り口ですが、いつもマーケットに寄り添って、SOMPOは進化しているのです」

共創
「リアルデータプラットフォーム」が牽引する「なりわい」革新

前述したように、スマートフォンアプリを中心にデジタルでのお客さま接点が増加していくことによって、お客さまからのフィードバックも格段に増加し、プロダクトの改善や開発に向けての好循環も生まれ始めているが、それをさらに加速するものとして楢﨑氏が挙げるのが、2020年6月に発表した「安心・安全・健康のリアルデータプラットフォーム」である。

「リアルデータ」とは個人・企業の実世界での活動についてセンサー等により取得されるデータのことを指し、WEB、SNSなどのネット空間での活動から生じる「バーチャルデータ」と区別して呼ばれるものである。協業パートナーは、ペイパル創業者であるピーター・ティールが創業した、米軍、国防総省、FBI、CIAといった機関を顧客に抱えているソフトウエア企業Palantir Technologies Inc.（以下、パランティア）。非常に複雑で機密性の高いデータ環境を持つ組織向けに、データプラットフォームを構築する技術に強みを持つ企業だ。楢﨑氏は、2019年11月に日本において同社と共同設立したパランティア・テクノロジーズ・ジャパンのCEOも務めている。

SOMPOグループは、約1200万件の自動車保険や過去の契約から得られる交通事故のデータをはじめ、火災保険の契約から得られる自然災害のデータや、生命保険事業で得られる医療関係のデータ、介護事業から得られる高齢者のデータなど、膨大なリアルデータを保有している。日本企業全般に言えることであるが、長い歴史を持ち、社会からの信頼も厚い伝統的大企業は膨大なリアルデータを保有しているものの、これまではそれを解決策に結びつける取り組みにおいては後れを取っていた。同グループはパランティアに約5億ドルの出資を行い、リアルデータの活用を加速している。そしてリアルデータの活用によって、交通事故を減らす、自然災害の被害を抑える、あるいは介護や認知症予防の分野への解決策を提供することを目指している［p.128図38］。

同社のリアルデータ活用例としては、SOMPOケアの介護付きホーム（約1万8000室）全室への睡眠データ計測センサー（眠りSCAN）の導入が挙げられる。24時間/365日、多様な項目のリアルデータを収集した上で、健康・ウェルネス分野のプレイヤーと連携し、介護度改善ソリューションや認知症の早期発見・予防・改善メニュー、生活習慣病の予防サービスなどの開発を目指している。同社によると、数万室規模の介護付きホームすべてにセンサーを導入する取り組みは世界初であるという。

同社はリアルデータプラットフォームを「安心・安全・健康のテーマパーク」への「なりわい」革新に向けた、さまざまなプレイヤーとの共創による経済価値と社会価値創造の「土台」と位置づけている。

「事業からデータが出てきたら、そのフィードバックはリアルデータプラットフォームに入ります。リアルデータを使ってマッシュアップしていくと、信じられないくらい大きなバリューが、経済価値と社会価値の両

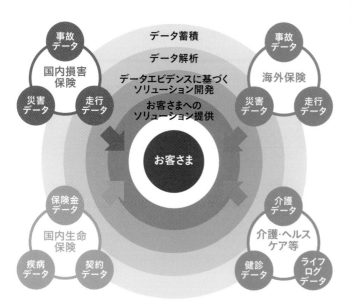

図38 SOMPOグループのデータ戦略
出典：SOMPOグループ WEBサイト

面から創出できると考えています。他のプレイヤーにも『共創するエコシステムだから乗ってください』と呼び掛けていきます。これから、この上で立ち上げる事業、サービス、アプリは縦横無尽に、どんどん出てくると思います。ですから『安心・安全・健康のテーマパーク』はどんどん拡張していって、アトラクションもどんどん増えていって、完成することはありません。まさに『ネバーエンディング』なのです」

　櫻田グループCEOというカリスマ経営者の大志の下、SOMPOホールディングスが推進する「保険」業から「安心・安全・健康のテーマパーク」業への「なりわい」革新。それは事後の補償という現状の「保険」業の価値を破壊し、「ツールとしてのデジタル技術」を巧みに活用して事故や疾病のリスクさえアクティブに回避する新たなお客さま体験

（CX）をサービスとして提供する営みであると同時に、さまざまなプレイヤーとの共創による経済価値・社会価値創出のストーリーづくりのチャレンジでもあることは非常に興味深い。

　しかし、より重要なことは、これら一連の活動の根底では、グループCDOである楢﨑氏がSOMPOホールディングスを「失敗を恐れない/失敗から学ぶ」という組織文化へと進化させる目的で描いた緻密なインターナル活動のシナリオがバックキャスト（ゴールからの逆算方式）で進んでいることだ。しかもそれはデジタルという響きから連想する冷徹なアプローチではなく、「見える化」「自分ゴト化」「行動化」「文化化」のすべてのプロセスで「人間的な熱量にも溢れる従業員体験（EX）の刷新活動」である。このことを決して見落としてはならない。

デザインとは橋の形を考えるのではなく、
向こう岸への渡り方を考えることである

「なりわい」再定義に向けたプログラム

『Power Session®』

『Power Session®』とは何か

企業の「意思」の力で掴むべき未来を決断する

こんな話がある。

敵に居留地を奪われ、安住の地を求めて放浪の旅に出たある部族が広くて流れの速い川にその行く手を阻まれた。彼らの中には老人や子供も含まれていた。敵の追っ手がやってくるリスクもある。「そうだ、全員が安全に川を渡れるよう橋をかけよう」と誰かが提案した。

彼らはどんなタイプの橋をかけるかで喧々囂々の議論になった。材料は木か石か？　橋の幅は広い方が良いか、狭くてはだめか？吊り橋にするのか、それとも頑丈なアーチ橋にするのか？

議論は延々と続き、とうとう陽が暮れかけたその時、別の誰かが叫んだ。「ところで俺たちは一体、何のために橋をかけるんだ？」

皆が夕陽にキラキラと照らされた川面に目をやると、昼間よりもいくぶん水かさが減り、流れも少し穏やかになっているようだ。上流で大雨が降り、それで普段よりも川の流れが激しくなっていたのだろうか。皆は大人げなく動揺してしまったことを後悔した。冷静さを取り戻せば、安全に橋をかけるための良い知恵も浮かびそうだ。明日は運良く浅瀬のある場所を発見できるかもしれない。

そう、重要なことは「どんな橋をかけるか」ではなく、部族の全員が安住の地に向かえるよう「どうしたら安全に川を渡れるか」だったのだ。

この例え話で、敵に居留地を奪われた部族は「なりわい」革新を迫られている「企業」、広くて流れの速い川は「DX」、かけようとした橋はWEBサイト、アプリなどのDXに必要な「ツール」、安全に川を渡るという真の目的が企業の「なりわい」革新であることは読者の皆さまにはご明察であろう。

DXの進展は企業から見ればマクロな「外部環境」の変化要因であり、一企業の意思では思い通りにコントロールはできない。しかもデジタルの「ツール」はあくまでもDXを乗り切る手段であって目的ではない。手段について延々と議論を重ねることは効率的ではないのだ。企業が目的志向で解決策を考えた時、取るべき唯一の選択肢は自らの明確な「意思」の力で掴むべき未来を決めること、そしてその活動を通じて近未来の「なりわい」を再定義することなのだ。

頼もしいカリスマ経営者が君臨していれば、企業の意思も、掴むべき未来も、そして目指すべき「なりわい」も即断即決してくれるに違いない。トップダウンであれこれ現場に指示を出したり、マスコミ対策すらしたりしてくれるかもしれない。しかし、日本の多くの企業はどうだろう。この例え話の部族のように、大企業、中小企業を問わず、グループでの合意形成がベースになって進むべき方向性が決断されるというパターンが多数派のはずである。

その際、「未来シナリオ」を描く力や企業の「意思」を決断する力が弱いと企業は時流を見誤った形になりDXが連れてくる未来の奔流に押し流されてしまう。しかし、「未来

シナリオ」と「意思」の掛け合わせがうまくいき、的確な意思決定ができれば、「ありたい姿」のゴールは明確に定まり、結果として企業は競争優位な未来を創造することが可能になる。

『Power Session®』はバックキャスト（逆算方式）＆アジャイル（俊敏）が基本

まさに「橋の形を考えるのではなく、向こう岸への渡り方」をロジカルに考えるアプローチで企業の近未来の「なりわい」再定義をサポートするのが、第3章のau/KDDIの企業事例の中でも話題に上っていた、電通オリジナルのワークショッププログラム『Power Session®』だ。

『Power Session®』の大きな特徴は2つある。ひとつ目の特徴はゴールである「ありたい姿」（ビジョン）を明確に描き、そこからバックキャストでサービスプラン（具体的な施策）を発想するアプローチだ。

そして二つ目はアジャイル（俊敏）に設計されたプログラムであることだ。事前の準備さえ万端にしておけば最短月曜から金曜までの1週間（正味5日間）で「ありたい姿」（ビジョン）、「なりわい」ワード、サービスプランのプロトタイプまでを揃えることが可能である。

DX時代、「なりわい」革新が生き残りの生命線であることは理解できたが、具体的に「なりわい」の旗をどう立てて良いのかわからないという企業の方は多いと思う。以下、第4章は『Power Session®』のワークフローを、実際に使用するいくつかのフレームワークを紹介しながら詳しく説明していきたいと思う。

最短1週間で完結する『Power Session®』のワークフロー

『Power Session®』のワークフローはざっと以下のような流れになる。

〈DAY1〉「なりわい」再定義のタスクフォースチームを編成する
〈DAY2〉プロジェクトのキックオフを行い、専門家を呼んで情報共有を行う
〈DAY3〉外部環境を分析し自社が属する業種の「未来シナリオ」を描く
〈DAY4〉企業の意思で掴むべき未来を決め、「ありたい姿」を再定義する
〈DAY5〉具体的な施策のアイデアを創出し、精緻化を行う

もちろん無理やり連続した5日間ですべてのプロセスを完結させる必要はなく、スケジュール調整のためにDAY1とDAY2の間を少し開ける、週に1回あるいは2週間に1回のペースで1ヶ月〜2ヶ月かけるというような形で実施しても良い。拙速は厳に慎むべきだが、スピードが勝負のDX時代、余計な時間をかけすぎるべきではないのだ。

なお、リアルなワークショップ形式ではなく、リモート環境で『Power Session®』を実施することも可能である。リモートでのやり方についてはこの章の最後で〈番外編〉としてご紹介する。

『Power Session®』をスタートさせるにあたり、準備段階で行うべきことが3点ある。

ひとつ目は「なりわい」再定義のプロジェクトを推進するための「事務局をどこの部署が担うかを決める」ことである。

事務局はタスクフォースチームの編成から『Power Session®』のワークショップの運営、そして経営トップへの答申までプロジェクト推進の重要な責務を負う。経営企画部や広報部のように経営トップと距離が近く、なおかつ社内の戦略を俯瞰できる立場にある部署が「なりわい」革新プロジェクト発足のきっかけをつくり、そのまま事務局機能を担うケースが多い。またコーポレートスローガン開発を伴う場合はブランディング機能を担う宣伝部が関与してインターナル、エクスターナルのコミュニケーションに大きな役割を果たすこともある。

二つ目はワークショップの「優秀なファシリテーターをアサインする」ことである。ファシリテーターはファシリテート（Facilitate：促進する、容易にする、円滑にする）を語源とすることからも推察されるように、単なるワークショップの司会進行役を超え、ワークショップを効率化するだけでなく、タスクフォースメンバー各人が主体性・創造性を発揮し、協働して課題解決に取り組めるように支援する存在である。

ファシリテーターのパフォーマンス次第でワークショップのアウトプットのクオリティはもちろん、参加したタスクフォースのメンバーの達成感も大きく変わってきてしまう。ただでさえタスクフォースチームのメンバーが組織や階層の枠組みを超えて招集されることを考慮すると、初日から自然にテンションが高まり、前向きな議論が交わされるという感じにはなりにくいことが想定される。したがって多少の外注コストをかけても外部から経験豊かな専門家を招聘するのが得策である。

そして三つ目が「ワークショップの会場の設定」である。タスクフォースのメンバーが集中して取り組めるよう、自社の会議室ではなく、オフサイトで、可能であれば情報セキュリティが守られる前提で社外のホテルや貸しスペースのような場所、それもできるだけ非日常的な場所で行うことが望ましい。普段の生活と違う環境に身をおくことで五感が刺激され心身の働きが活性化されることは「転地効果」と言われ、プロ野球の春季キャンプや陸上自衛隊の転地訓練などがその典型である。

準備段階をクリアしたら、いよいよ『Power Session®』のスタートだ。

COLUMN 1　ファシリテーターの役割とスキル

　第4章では『Power Session®』の具体的な手順を解説する傍ら、ファシリテーター
の視点から大掛かりなワークショップを円滑に運営する工夫や着眼点をコラム的に紹
介する。

　ファシリテーターはタスクフォースチームのメンバーの潜在的な能力を引き出す
「カタリスト」（触媒）である。小学校の理科の時間、水上置換法で過酸化水素水から
酸素を取り出す実験を行った際、微量の二酸化マンガンの粉末を使った経験があるだ
ろう。二酸化マンガンはそれ自体、化学反応を起こさないが、過酸化水素水から酸素
を分離させるためには不可欠な役割を果たす。ファシリテーターも同様で、触媒以上
でも以下でもない（化学反応には関与しない）という立ち位置をわきまえることが重要
である。
　ファシリテーターには、参加者にとって心地よい場を作る「場のデザインのスキ
ル」、参加者の発言・思いを受け止めアイデアを引き出す「対人関係のスキル」、内容
を誰もがわかる形で整理する「構造化のスキル」、まとめて合意させ、コミットメン
トを得る「合意形成のスキル」という4つのスキルが必要と言われている。それらの
スキルを取得するには段階を踏まえたファシリテーションのトレーニングと十分な現
場経験が求められる。

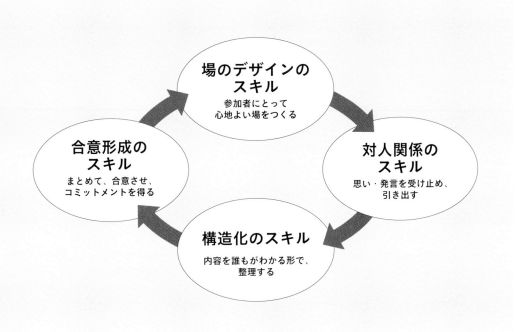

DAY 1
「なりわい」再定義の
タスクフォースチームを編成する

　企業の「ありたい姿」（ビジョン）から「なりわい」を抽出し、さらにはバックキャストでサービスプラン（具体的な施策）を発想するプロジェクトは多視点で行うとともに、さながら舞台の上で行われているような形で、タスクフォースチーム全員の合意形成を前提に進められるべきである。

　経営企画部門、広報部門、宣伝部門、営業部門やマーケティング部門はもちろん、人事部門、総務部門、情報システム部門などの各部門から「部門のトップ」と「次世代のエース」をリストアップして20名〜30名程度のタスクフォースチームを編成する。その上でメンバー全員を所属、年代、性別などで偏りが出ないようシャッフルして、4〜5グループに分割するのが理想的だ。

　事務局を担う推進部署（例：経営企画部もしくは広報部）がメンバー候補をノミネートしたら、経営トップと内容を擦り合わせ、その部署の担当役員経由での「上からのアプロー

チ」を依頼する。と同時に現場同士の「下からのアプローチ」も抜かりなく行い、直接本人（直属の上司がいる場合は上司にも）に丁重にプロジェクトの目的や狙いを説明して、選抜されたメンバーに気持ちよく参画してもらえるような雰囲気づくりを行っていく。

　優秀で忙しいメンバーを招集し、長時間にわたって時間とエネルギーを割いてもらわなくてはならないことは承知の上である。何せこの5日間で会社の「なりわい」が確定するだけでなく、向こう何年間かの会社の命運も決まってしまうのである。プロジェクトの成果と5日間の売上を天秤にかければ、どちらが会社にとって重要かは自明の理である。

　後々、スケジュール調整で不満が出ないようにするという意味でも、タスクフォースチームのメンバーに対しては『Power Session®』が実施される詳細なスケジュールと場所についての情報は、DAY1で伝達しておくべきである。

COLUMN 2　場のデザインのスキル：非日常の演出

　ファシリテーターは参加者の五感（視覚だけでなく、聴覚・嗅覚・触感も）に訴えかけるようなツールや仕掛けを用意して、非日常的で創発しやすい、リラックスした環境を作り上げることが大切である。その意味でオフィス以外のオフサイトでのワークショップ開催は積極的に検討されるべきである。

　仮にメンバーのスケジュールや予算の制約により『Power Session®』を会社の会議室で開催することになったような場合でも、物理的な条件が許される限りの演出を行い、非日常を演出することに努めてほしい。具体的には、リラックスできる音楽を薄く流す、アロマディフューザーを使って普段とは違う空気感を作る、バランスボールやツボ押し器などアメニティグッズ（大抵は東急ハンズやロフトで手に入る）を会場に持ち込む、毎日のお弁当にアイデアを凝らしランチタイムにメンバーをワッと言わせるなどの演出である。小分けにパックされたお菓子の提供も効果的だ。糖分が脳の疲労を回復させるだけでなく、おやつを食べることで良い意味で気分転換やリラックスにつながる。これらはファシリテーターが「場をデザイン」することにつながっていく。

リラックスできる音楽

アロマディフューザー

小分けにパックされたお菓子

ツボ押し器

バランスボール

プロジェクトのキックオフを行い、専門家を呼んで情報共有を行う

「なりわい」再定義プロジェクトのタスクフォースチームが確定したら、早速、キックオフのワークショップを開催しよう。チームのモチベーションをキックオフの瞬間から高めるために経営トップによるオープニングスピーチ（リモート参加やビデオメッセージでも可）が極めて重要である。

キックオフのワークショップで行うのは、「なりわい」再定義のプロジェクトのゴールイメージや今後のワークショップの手順をチーム全体で共有することと、プロジェクトを推進する上で不可欠な各種情報に関するナレッジシェアリングを徹底することの2点である。

前者については、ファシリテーターにプレゼンテーションを依頼しても良い。

また後者の各種情報とは「中期経営計画の棚卸し」「自社ブランドについてのお客さま視点での評価」「マクロ環境（社会・政治・経済など一企業ではコントロールできない世の中の大きな動き）の分析」「ミクロ環境（企業の事業環境、つまり市場や競合の動き）の分析」を言う。

自社の「なりわい」を考える上ではどれも重要な情報だが、タスクフォースチームのメンバーの出身部署によって知っている情報の幅や理解の深さにばらつきがあるので、「地ならし」をしておくのだ。

ナレッジシェアのプレゼンターにはその道のプロ、つまり社内外の専門家を惜しみなく招聘しよう。一流の専門家によるプレゼンテーションは単にファクトの羅列ではなく、独自の視点や深い洞察を含み、チームに新鮮な気づきや発見をもたらす大きな助けにもなる。

それからナレッジシェアリングの直前にはタスクフォースのチームメンバー全員にふせんメモとマジックペンを配ろう。専門家の話を聴いて直観的に重要だと思ったキーワードをその場で簡潔に（キーワードの形式で）書き留めてもらうためである。

初回のキックオフは4日間のワークショップの中では一番短く、半日もあれば終了する。残りの時間は各自がDAY3（ワークショップ2日目）に向けての〈事前ワーク〉に取り組んでもらうようにするためにあえて余裕を残しておく。

COLUMN 3　場のデザインのスキル：アイスブレイク

　アイスブレイクはワークショップのスタート時に行うグループ対抗の簡単なゲームだ。緊張した場の空気を和らげるとともに、チームメンバーの結束力向上に効果が期待できる。

　アイスブレイクのゲームには、A4のコピー用紙（コピー機の横のゴミ箱にあるコピー失敗の紙で十分）だけを使って高いタワーを作る「ペーパータワー」、同じく細いパスタとマシュマロという脆弱な素材を使って、三角形を基本とするトラス構造で大きな構造物を組み立てる「マシュマロチャレンジ」、そしてグループのメンバーが円になって隣同士でない相手と手を握りあってほつれた輪を作り、身体をくねらせながら徐々に解いていく「人間知恵の輪」などがよく使われる。

　いずれも短い作戦会議の後、3分程度で時間を切ってゲームが行われる（例えば「ペーパータワー」はポップスの曲が1曲終わるまで）。グループが手際よく作戦（作業のグランドデザイン）を共有し、役割分担を決めて共同作業の形で取り掛かるゲームのプロセスは、これから何日間か続く『Power Session®』の格好の予行演習になるだろう。

　アイスブレイクが終了した後、全員のメンバーが会場の雰囲気が一変したことに気づき、よりポジティブな気持ちでグループワークに入っていけるはずだ。

　アイスブレイクのゲームの順番は、DAY3の最初のワーク「SEPTEmber/5 Forces」のフレームワークを使った外部環境分析（後述）で各グループが担当するカテゴリー領域を決める際にも活用できることを覚えておこう。

外部環境を分析し自社が属する業種の「未来シナリオ」を描く❶

　自社が身を置く3年〜5年後の業界の近未来の姿を構想し「未来シナリオ」を描くのに重要なことは何か。それは「MECE」（ミーシー）な形で外部環境分析を行うことだ。「MECE」とは「Mutually Exclusive, Collectively Exclusive」の略語で「だぶりなく、もれなく」を意味する。

　「MECE」なアプローチを心がけることで、変化ドライバーとなるキーワードを抽出していく過程で「偏り」や「抜け漏れ」を防ぐことが可能になる。ちなみに企業を取り巻く外部環境には、世の中のダイナミックな動きで一企業のコントロールが及ばない「マクロ環境」と、企業の周辺で一企業の努力でコントロールがある程度可能な「ミクロ環境」に大別される。

　「SEPTEmber/5 Forces」のフレームワーク［**図39**］はその「マクロ環境」と「ミクロ環境」の違いを意識して開発されたものだ。

　「SEPTEmber」は「マクロ環境」の分析であり「社会（Society）」「経済・税制（Economy）」「政治・政策（Politics）」「技術（Technology）」「地球環境（Environment）」の5つの項目で構成される（「地球環境」を除いたものは一般に「PEST」分析とも言われる）。

　一方、「5 Forces」（ファイブフォース分析）は第2章の「DX時代、企業のイノベーションに関する先行研究」の項目でも紹介した通り「ミクロ環境」の分析であり、マイケル・

E・ポーターが『競争優位の戦略』で提唱した「売り手の交渉力」「買い手の交渉力」「競争企業間の敵対関係」「新規参入業者の脅威」「代替品の脅威」の5項目をベースにしている。私たちが「関連市場・環境」としてあえて1項目をプラスしているのは、DX時代に入って業界の垣根を越えたプレイヤーが突然参入するケースが増えていること（例：グーグルやアマゾンのようなIT企業が自動運転に参入してくる）、また企業を取り巻く事業環境の中でもアナログ時代には関心が低かったESGやSDGsなど企業の社会的責任が重視されていることを踏まえてのことである。

　DAY2のキックオフミーティングが終了した段階で、タスクフォースチームのメンバー全員にはこの〈事前エクスサイズ〉の用紙とふせんの束、マジックペンを手にしている。DAY3に向けた各自の宿題（頭の体操）として、「SEPTEmber/5 Forces」の11個の項目それぞれについて、未来を変える変化要因として重要と思われるキーワードをできる限りたくさん書き出してもらうためだ。

　もちろん、キーワードにはDAY2のキックオフで専門家のプレゼンテーションを聴いてピンときたキーワードも含めて良い。

　DAY3のワークショップの当日は、まず「社会」「経済・税制」など「SEPTEmber」5項目と「既存競合」「顧客」など「5 Forces」の6項目のタイトルが入った計11枚の模造紙

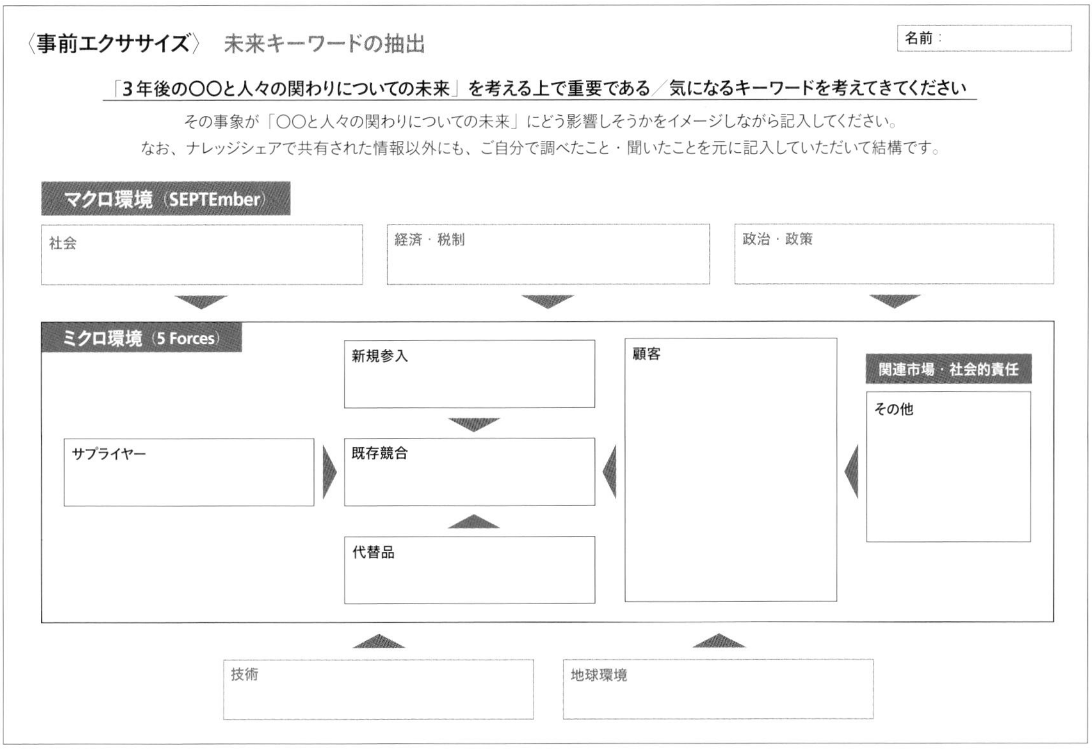

「なりわい」再定義に向けたプログラム「Power Session®」

〈事前エクササイズ〉　未来キーワードの抽出

名前：

「3年後の〇〇と人々の関わりについての未来」を考える上で重要である／気になるキーワードを考えてきてください

その事象が「〇〇と人々の関わりについての未来」にどう影響しそうかをイメージしながら記入してください。
なお、ナレッジシェアで共有された情報以外にも、ご自分で調べたこと・聞いたことを元に記入していただいて結構です。

マクロ環境（SEPTEmber）

社会　　　経済・税制　　　政治・政策

ミクロ環境（5 Forces）

新規参入　　顧客　　関連市場・社会的責任

その他

サプライヤー　　既存競合

代替品

技術　　　地球環境

図39 事前エクササイズ

に、タスクフォースチームの各メンバーが〈事前エクスサイズ〉で書きためてきたふせんを順に貼っていってもらうことからスタートする（分類はメンバー個人の判断で良い）。全員が手持ちのふせんを貼り終えたら、グループで分担を決め（4グループ編成なら3項目担当するグループが3つ、2項目担当するグループがひとつできる。「社会」「経済・税制」はふせんの枚数が多くなりがちなので、2項目を担当するグループにお任せしよう）、グループディスカッションを重ねていく。

グループディスカッションでは、「思いついたら自分の意見をどんどん出す」「相手の意見を絶対に否定しない」「誰からでも何からでも学ぶ」「違う意見が出てきたときはその理由に遡って議論する」というような基本ルールを尊重することが重要である。グループで十分な議論ができたら、「KJ法」（【コラム4】参照）を用い、キーワードの整理と集約を行って、それぞれの塊ごとにグループの特徴

や性格を示すタイトルをつけていく。このタイトルのことを「未来キーワード」と呼んでいる。

「未来キーワード」は大きめのふせん（75mm x 127mm）に赤マジックを使って書いておくと視認性も上がり、頭の整理もしやすくなる。

模造紙に〈事前エクスサイズ〉のふせんを貼っている最中に新たに変化ドライバーになる重要なキーワードを思いついたり、グループごとにディスカッションを重ねる過程で重大な見落としに気づいたりすることもあるかもしれない。また、キーワードの集約を一通り終えた後、何かまだ物足りない感じがするかもしれない。そんな時に役に立つのが電通オリジナルの『**未来曼荼羅**』（みらいマンダラ。正式名はDentsu-Future- Map『中長期未来曼荼羅』）だ[**p.142図40**]。『未来曼荼羅』は『Power Session®』実施時において、各グループのテー

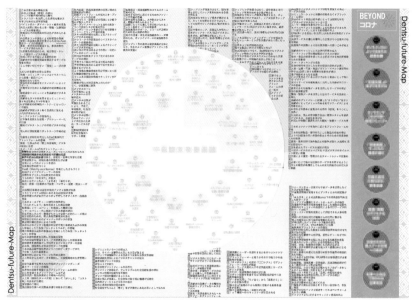

図40 電通『未来曼荼羅』

ブルでハードコピーを閲覧できるような形で
提供される、使い勝手の良い発想支援ツール
である。

　『未来曼荼羅』は近未来に確実に変化して
いく、あるいは変化する可能性が高い約70
個のトレンドキーワードを「人口・世帯」
「地球・環境」「まち・自然」「科学・技術」
の4つの基本ジャンルと「BEYONDコロナ」
を加えた合計5ジャンルに分類して密教の
「曼荼羅」のような世界観を表すレイアウト
で配列したものだ。中心に近ければ近いほど
重要なトレンドキーワードであることを示す。
しかもそれぞれのトレンドキーワードに対応
して、背景や根拠となる定量/定性データが
1枚ずつのデータシートで整理されているの
で、自分が不得手な分野で抜け漏れをチェッ
クしたり、ある重要キーワードに関連する
キーワードを探索・抽出したりする用途で便
利に活用することができる。

　さて、KJ法によってグループ単位でそれぞ
れの担当分野の「未来キーワード」が一通り
整理できたところで、今度はタスクフォース

メンバー全員が11枚の模造紙をギャラリー
ウォークし、「未来キーワード」のインパク
トの大小を評価するための投票を行う。赤と
青の丸シールを各自が5個ずつ手にし、メン
バー個人の判断で「確実に起き、インパクト
が大きい未来キーワード」（その中でも見落と
されがちなものは「灰色のサイ」と呼ばれる）に赤、
「起きるかどうかはわからないが、一度起き
たらインパクトが大きな未来キーワード」
（一般に「ブラックスワン」と呼ばれる）に青の
シールを貼っていく。「未来キーワード」は
大きめのふせん（75mm x 127mm）に書かれ
ているので、その文字が書かれていない余白
にシールを貼ると良い。

　ファシリテーターは投票が終わったところ
で得票が多かった「未来キーワード」を8～
10個程度選抜する。ここで重要な着眼点は
次のDAY3の最後のワークで描く「未来シナ
リオ」が悲観的すぎる内容にならないように、
ポジティブな「未来キーワード」とネガティ
ブな「未来キーワード」のバランスに配慮す
ることだ。プロジェクト自体が自社の「なり

わい」革新が必要だという前提でスタートしていること、加えて事業最前線で厳しい事業環境を熟知しているメンバーが集められていることを前提にすると、得てしてネガティブな未来キーワードが比率的に多くなりがちだ。

　仮にそのようになってしまった場合のファシリテーターの役割は「SEPTEmber/5 Forces」の11個のカテゴリーにこだわらず、ネガティブな「未来キーワード」で類似するもの同士は統合してひとつにしてしまい、替わりにポジティブな「未来キーワード」を新たに採用することだ。無から有を生んだり、その逆で有を無にしてしまったりすることは許されないが、思考のバランスを取ることは大切で、ファシリテーターがそのプロセスを丁寧に示すことで、メンバーも腹落ちし、進行上、大きな混乱は起きないだろう。

　一般的に「ブラックスワン」の比率が少ないと保守的予測に、逆に多すぎると革命的な予測に傾くことになる。保守的・革命的、最終的にどちらに寄せていくのか、「未来シナリオ」の設計について経営トップの特別な示唆がある場合は事前にファシリテーターと事務局とのすり合わせが必要だろう。

外部環境を分析し自社が属する業種の
「未来シナリオ」を描く❷

　重要な「未来キーワード」の選択が終了したら、今度は「The SUN」[図41]と呼ばれるフレームワークを使ったワークに進む。「The SUN」では「未来キーワード」で示された事象が起きたら、自社のお客さまの生活（BtoBの企業の場合はお客さま企業の仕事ぶり）にどんな変化が起きるのかを「お客さま主語」の形で記述していく。

　太陽のアイコンの真ん中の部分に「未来キーワード」を置き、お客さまの生活に起きる変化をグループで話し合いながら、ふせんに記入して太陽の周りに配列していく。記述される内容は『未来曼荼羅』で「未来への視点・ヒント」で書かれているような簡潔で具体的なものになる（例：「自動運転の進展」が起きると「道路のない都市が誕生」や「移動と宿泊の一体化」などが起きる、という具合に）。

　なおその際に、ポジティブな変化に関する記述は右側、ネガティブな変化に関する記述は左側というような形で貼り方のルールをグループで決めておくと後々の整理がしやすい（ポジ・ネガでふせんの色を変えるのも可）。似ているもの同士は再度、KJ法的に整理していくつかの項目に集約する。

　「The SUN」はSF小説の場面を想像するような楽しいワークである。4つ以上の複数のグループで分担すればさほど時間はかからないだろう。

　「The SUN」が完成したら中間発表を行って、各チームの成果を代表者に発表してもらい、ここまでの成果をタスクフォースチーム全体で共有しよう。

　中間発表が終わった段階で、自分たち企業が身を置く業界は何が原因でどのように変わり、それがお客さまの生活（BtoBの企業の場合はお客さま企業の仕事ぶり）にどんなインパクトを与えるか、ストーリーのような形式で概ねイメージはできるようになっているはずだ。

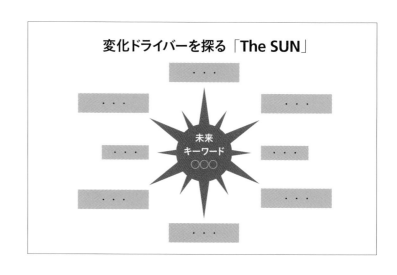

変化ドライバーを探る「The SUN」

未来
キーワード
○○○

図41 フレームワーク「The SUN」

図42 フレームワーク「未来シナリオ」
＊BtoBの場合は「人々の生活の関わり」を、BtoBの企業の場合は「お客さま企業の仕事ぶりの変化」と読み換えれば良い

○○と人々の生活の関わりについて「未来シナリオ」

外部環境が

になると、

人々の生活は

となり、

○○には

が求められる
ようになる。

その中で○○と人々の生活との関わりは

になる。

　そしてDAY3の最後の「未来シナリオ」作成のワーク［**図42**］は「The SUN」で共有した近未来のイメージを文章完成法の形で整理し言語化し、合意形成をはかるものである。

　ファシリテーターがタスクフォースチーム全員をリードする形で、フレームワークに重要なフレーズを落とし込み、最後にわかりやすい文章の形で整えるのだ。

　ファシリテーターはタスクフォースメンバー全員と向き合い、メンバー各人から発言を引き出すような形で「未来シナリオ」の空欄を埋めていく。重要なキーワードが出揃った段階で、日本語として自然な形で整えていく。『Power Session®』にクリエイティブチー

ムがサポートチームとして加わっていれば、タスクフォースメンバーの発言が滞った際に代替案をタイムリーに提示し、発想を支援することが可能になる（クリエイティブチームの参加については【コラム6】を参照）。すべての空欄が終わったら、読み合わせをしながらロジックの検証をすると同時に過不足がないか確認する。

　「未来シナリオ」が完成したら長かったDAY3のワークも終了だ。タスクフォースのメンバーは自社の「なりわい」を再定義しないと生き残りが難しいこと、同時にピンチもまたチャンスであることを再確認して家路につくだろう。

　人間中心のクリエイティブな問題解決アプローチである「デザイン思考（シンキング）」が『Power Session®』の考え方のベースになっている。CXの考え方の源流でもある「デザイン思考」においては、アイデアを豊かにするために「発散」と「収束」を何度も繰り返すのが良いと考えられている（『ダイヤモンドモデル』）。

　『Power Session®』前半では、「SEPTEmber/5 Forces」の〈事前ワーク〉でキーワードをまず「発散」し、最初のグループワークでKJ法を使って「未来キーワード」の形に整理、その後、タスクフォースチーム全員によるシール投票で「収束」させ、さらに「The SUN」を使って再び「拡散」させ、最後に「未来シナリオ」で「収束」させてアウトプットを出す。

　「発散」を活発にするために私たちが多用するのが「ワールドカフェ」だ。時間を決めてグループのメンバーの一部をローテーション方式で入れ替える。これは米国で戦略的ダイアローグの推進やコミュニティ構築の支援を行っているアニータ・ブラウンとデイビッド・アイザックスという学者夫妻によって偶然発見、開発されたワークショップの手法である。1995年にサンフランシスコ郊外の自宅を使って行ったワー

クショップにおいて、カフェのようにリラックスできる空間づくりを行った結果、メンバー同士が自動生成的にグループを形成し、創造性に富んだダイアローグを行うことができたというエピソードがよく知られている。発案者の手による啓蒙書として『ワールド・カフェ～カフェ的会話が未来を創る～』（アニータ・ブラウン/デイビッド・アイザックス著、香取一昭、川口大輔訳 ヒューマンバリュー 2007年）も出版されている。

　一方、「KJ法」は文化人類学者で東京工業大学の教授だった川喜田二郎がデータをまとめるために1967年に考案した手法（KJは開発者のイニシアルである）である。グーグルの投資部門・グーグルベンチャーズによるアジャイル開発手法として話題となった『SPRINT』（スプリント）でもKJ法が活用されていることからもわかるように、アイデアや思いつきを整理する手法として世界で広く導入されている。

　「発散」は楽しいが、「収束」は意見やアイデアの取捨選択の判断やタスクフォースチームのコンフリクト・マネジメントが難しく、大きなエネルギーを要する作業になる。「収束」のプロセスはファシリテーターの4つのスキルの中では「合意形成のスキル」に含まれ、ワークショップの中でもその力量が最も試される（それゆえプレッシャーのかかる）局面でもある。

DAY 4
企業の意思で掴むべき未来を決め、「ありたい姿」を再定義する

　企業の意思の力で未来は変えられる。意思が明確でなくDXという時流に押し流されてしまえば企業はたちまち追い詰められてしまうが、自らの意思に確固たる自信を持ち、「未来シナリオ」の中から掴むべき未来を決めることができれば、競争優位な未来、すなわち「ありたい姿」（ビジョン）をゴールに設定することが可能になるのだ。

　そして「ありたい姿」（ビジョン）がきちんと設定できれば、必然的に新しい「なりわい」も再定義することが可能になる。

　ワークショップの3日目、全体のDAY4ではまず、企業の意思を明確にし、掴むべき未来を決定するために、企業のDNAやファクトの洗い出しを行い、優先順位を評価していく。

　意思を明確に定めるためのDNAやファクトの洗い出しは「DNA Discovery」[図43]と呼ばれるフレームワークを利用する。これに関しても〈事前エクスサイズ〉の形でDAY3の最後にタスクフォースのメンバーに依頼し、思いつくものをなるべく多くふせんに書き出してきてもらっておくとDAY4の作業が効率的になるだろう。

　「DNA Discovery」は「その他」を含めると11個の項目に分かれているが、項目の種類や数は必ずしもこの通りでなくても良い。「理念」やその構成要素である「価値観」や「社会における役割（目的）」、社史に残るよう

なエピソード、社員の矜持（プライド）の裏付けとなっているようなファクトなどを抽出できるのであれば、その企業独自の項目と入れ替えても構わない。ただし、左側にお客さまの横顔のイラストが描かれているように、抽出するDNAやファクトはある程度、お客さまにも認知・理解・共有がなされていることが前提になる。

　ワークの進め方だが、まずは大きなホワイトボードか模造紙を3〜4枚壁面に連ねて貼ったものの上にタスクフォースメンバーの各自が書き出してきたふせんを貼っていってもらう。あとで整理が楽なように「DNA Discovery」のイラストと相対的な位置関係が近くなることを意識して、ふせんを貼っていってもらうと良い。ファシリテーターはタスクフォースメンバー同士の対話を促しながら、企業にとって重要な「DNA要素」を10個程度にグルーピングしていき、整理が完了したらそれぞれに大きめのふせん（75mm x 127mm）を使ってタイトルをつけていく。

　次に整理された10個程度の「DNA要素」についての優先順位づけを試みる。タスクフォースのメンバー各自が青、赤、緑の3色のシールを3枚ずつ持ち自社にとって重要な「DNA要素」についての投票を行う。

　投票は「DNA要素」それぞれについて、「残すもの」に青、「捨てるもの」に赤、新たに追加するものに「緑」という形にして、ふせんの余白にシールを貼っていってもらう。

図43 フレームワーク「DNA Discovery」   「DNA Discovery」

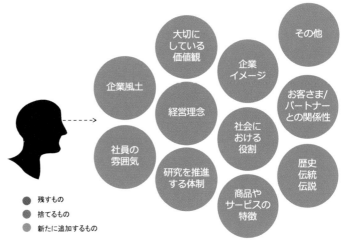

投票が終わったらファシリテーターは赤（捨てるもの）の票の多い「DNA要素」は除外し、青（残すもの）と緑（新たに追加するもの）の得票の合計の多い「DNA要素」に1番目から6番目までの順位を決定する。その後で次に使うフレームワーク「差別性の検証」[図44]の「DNA要素」の欄に、選ばれた「DNA要素」を上位から順に書き出していき、確認の意味でそれらを順に読み上げる。そしてこれらの「DNA要素」が自社視点で重要と思うだけでなく、客観的に見て差別性が高いかどうかという別の基準で再度、タスクフォースメンバーに投票を促す。

「差別性の検証」で使っている3つの基準については「売り手よし」「買い手よし」「世間よし」の「三方よし」を意識して作成している。「売り手よし」は「タイムリー性」に相当する。コロナ禍の巣ごもり消費拡大でコモディティ商品だった液体石鹸やインスタント食品が飛ぶような勢いで売れたように、タイムリーな商品やサービスの提供は企業に利益をもたらす。また「買い手よし」は「独自性」に相当する。アップルの製品が根強いファンに支えられているように、独自性の高い価値を持つ商品やサービスは便利なだけでなく買い手の自己表現ベネフィットにもつながる。そして「世間よし」は言うまでもなく「社会性」、つまりソーシャルグッドであることを表す。DX時代、社会とはローカル（日本）ではなくグローバルな社会を意味する。

各自が持つ票数（丸シールの数。単色で良い）

重要度	DNA要素	タイムリー性	独自性	社会性	総合評価
1					
2					
3					
4					
5					
6					

図44 フレームワーク「差別性の検証」

近未来の「お客さま」定義

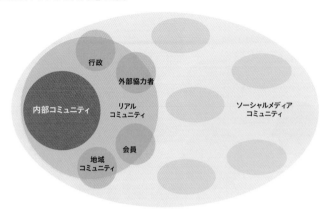

図45 フレームワーク
「近未来の『お客さま』定義」

内部コミュニティ

行政

外部協力者

リアル
コミュニティ

ソーシャルメディア
コミュニティ

会員

地域
コミュニティ

● これまで重要だったお客さまとサービス
● これから重要になるお客さまとサービス

は3票程度で十分だろう。それぞれの「DNA要素」をじっくり眺めて、差別性が高いと感じた欄（タイムリー性／独自性／社会性）に自由に投票してもらう。ある「DNA要素」が他と比較してタイムリー性、独自性、社会性がともに高いと感じたら、それぞれの項目に1票ずつ入れて投票を終了しても良い。

ファシリテーターは投票が終わったら、それぞれの「DNA要素」の得票数を計算し、総合評価を発表する。

「DNA要素」の中でも差別性の特に強いものは、DX時代を生き抜く企業のアイデンティティであると同時に武器にもなる。まさに「企業の意思」はぶれることのない企業の存在理由（WHY）そのものなのである。

さらに「企業の意思」を固める上で、「なりわい」革新の前後でお客さまの顔ぶれが大きく変わってしまうことが想定される場合は（市場の「探索」のアプローチでは必然である）近未来のお客さまがどのように変わるか、具体的にイメージを深めることを目的として「近未来のお客さま定義」のフレームワーク［図45］を使用して整理、タスクフォースのメンバーで合意形成をしておくと「ありたい姿」

を描きやすくなるだろう。

「近未来のお客さま定義」では、お客さまを同心円状に「内部コミュニティ」「リアルコミュニティ」「ソーシャルメディアコミュニティ」の3層に分けてリストアップし、ふせんに「対象とするお客さまと提供しているサービスをセットで記入」して模造紙大のフレームワークの上に貼っていく。一通り整理がついたところで再び投票を実施し、「これまで重要だったお客さまとサービス」と「これから重要になるお客さまとサービス」にそれぞれに青・赤の色シールを貼ってもらう方法でDX時代に重要度が増すお客さまと提供するサービスを浮き彫りにしていく。

それぞれのお客さまのコミュニティの特徴を簡単に説明しよう。「内部コミュニティ」は企業の従業員だけでなく、自動車のディーラー社員やモバイル通信のショップ店員のようにお客さま接点での「セールス」や「メンテナンス」というサービスを担っていたようなパートナー企業のスタッフも含まれる。

リアルコミュニティは文字通り企業が顔の見えるお客さまとして「商品やサービスの提供」を通じて向き合ってきたカスタマーが主体である。広義にはソーシャルとの向き合い

ありたい姿（ビジョン）

20XX 年、

□□□□□□□□□□□□□□□□□□□□□□□ になる社会の中で

我が社は

□□□□□□□□□□□□□□□□□□□ なお客さまに対して、

□□□□□□□□□□□□□□□□□□□ という価値を提供する、

□□□□□□□□□□□□□□□□□□□ になります。

それを下支えする DNA・事実は、

□□□□□□□□□□□□□□□□□□□ です。

図46 フレームワーク「ありたい姿」
（ビジョン）

「なりわいワード」

20XX 年、我が社は

□□□□□□□□□□□□□□□□□□□ 業から

□□□□□□□□□□□□□□□□□□□ 業へ

〈重要キーワード〉

図47 フレームワーク「なりわいワード」

で、「人材や資金の提供」などで関係性のある行政や地域コミュニティ、企業の退職者や企業の社会貢献活動などでつながっているNPO/NGOなどの外部協力者も含めても良いだろう。

ソーシャルメディアコミュニティはそれとは対照的にインターネットを介してしかつながっていないコミュニティである。しかし、第2章と第3章の企業事例で見てきたように企業がAIやIoTなどデジタルの先端技術を導入して新たなお客さま体験（CX）を創出するサービスの領域に「なりわい」の軸足を移していくことで、ダイレクトに「商品やサービス」を提供する戦略的なお客さま接点の役割はより大きくなる。ソーシャルメディアコ

ミュニティの重要性は必然的に高まることになるはずだ。

さあ、『Power Session®』もこの段階まで来ればゴールである「ありたい姿」（ビジョン）は目前だ。「なりわい」再定義のプロセスを向こう岸に渡る橋の構築に例えれば、いよいよ対岸の乾いた地面へ飛び移れそうな場所まで来られたと言える。

自社を取り巻く「未来シナリオ」（厳密に言うと自社が向き合っているお客さまの生活や仕事ぶりの変化）と「企業の意思」を映し出す「差別性の検証」シート、それから必要に応じて「近未来のお客さま定義」の3種類のワークの成果をタスクフォースチームのメンバー全

員であらためて見比べながら、「ありたい姿」（ビジョン）のシート［p.151図46］の空欄に思いつく言葉を入れていこう。「未来シナリオ」の時もそうだったが、「ありたい姿」（ビジョン）を文章完成法の形で整理するのは、それぞれの空欄に入る要素が客観的でわかりやすいこと、ロジックの矛盾や破綻がないことをチェックする意味合いからである。

この段階に至るまでのほぼ3日間のワークショップで、「ありたい姿」（ビジョン）を構成するのに必要な要素はすべて揃っているはずである。

そして「なりわい」ワード［p.151図47］が最後に残った。これを完成させれば安全に「向こう岸へ渡った」こととなる。「なりわい」ワードにつながる重要なキーワードは「ありたい姿」（ビジョン）の提供価値やお客さまとの関係性を表す「……になります」の項目に重要なヒントがあるはずだ。

いよいよDAY4、ワークショップ3日目の最後に目指していたゴール（WHERE）である「ありたい姿」（ミッション）と「なりわい」ワードをセットで完成させることができた。

ついに川に橋をかけ、安全に向こう岸に渡り切ることに成功したのである。

DAY3の先の見通せないモヤモヤした気分とは打って変わって、タスクフォースメンバーの全員がやりきった達成感と新しい「なりわい」を再定義した高揚感で満たされているに違いない。

しかし、あえて厳しいことを言おう。

『Power Session®』に課せられたミッションはこれで終わりではない。最後の1日を使って、私たちは橋をかけ始めた場所に戻り、橋が完成し向こう岸に渡れたことを残りのメンバーに報告しなければならない。加えて、人が通行しても安全性に問題がないことを、自らやって来た岸辺に戻ることで証明しなくてはならない。

「バックキャスト」で「なりわい」再定義を成功に導くための具体的な打ち手（サービスプラン）を創出し、プロトタイプを作って導入への道筋をつけるという、もうひとつの大仕事が残っているのだ。

COLUMN 5　　合意形成のスキル：色のシールを使った投票

　時間の許す限り、グループのメンバー全員で活発なディスカッションを行い、合意形成に向けて力を尽くすことは大切である。しかし現実はグループリーダーがテーブルファシリテーターのスキルを兼ね備えていない限り、純粋に議論だけで皆が納得するような形で結論を落とし込むことは難しいだろう。

　『Power Session®』において最終的にタスクフォースチーム全体やグループでの結論を合意形成に導くための最終的な手法が「色のシールを使った投票」である。投票は全員の権利が平等であることに加え、投票の結果もわかりやすく可視化されるので、納得が得られやすいという利点もある。また、時には職位の高いメンバーへの忖度や発言の頻度の高いメンバーによるバイアスが原因で議論の流れと投票結果が異なることもある。ファシリテーターが議論の流れだけで判断して誤った方向に結論をミスリードすることを防ぐという意味でも「確認の手段」として色シールによる投票は極めて有効である。

　また「SEPTEmber/5 Forces」「DNA Discovery」「近未来のお客さま定義」では異なる色のシールにそれぞれ意味を持たせて投票を実施している。単純に白か黒かの二者択一ではなく、抽出されたファクトの背景にあるニュアンスも汲み取って「文脈」（コンテキスト）の形で「未来シナリオ」「ありたい姿」（ビジョン）「なりわい」ワードを構築していく。その大切な意思決定のプロセスで、色シールの活用は大いに役立っている。

DAY 5
具体的な施策のアイデアを創出し、精緻化を行う

冒頭の『Power Session®』の特徴でも述べたように、ゴールである「ありたい姿」（ビジョン）や「なりわい」ワードから「バックキャスト」、すなわち逆算方式でそれを実現するための「戦略ロードマップ」と具体的な「サービスプラン」（施策）を創出する。

向こう岸のゴールからかけた橋の出発点を振り返った時に、橋は必ず真っ直ぐでなければならない。仮に橋が湾曲していれば移動距離が長くなるし、構造上も脆弱である。「バックキャスト」は最短距離で、安全確実に向こう岸の新しい「なりわい」に到達するための鉄則なのだ。ワークショップの最終日、『Power Session®』のDAY5では、［図48］にあるように「バックキャスト」を前提にアイデアの創出と精緻化を行っていく。

『Power Session®』では「戦略ロードマップ」の議論と具体的なサービスプラン（施策）の創出についてもグループ単位のワークで進めていく。

まずはグループのメンバー全員でブレインストーミングを行い、ゴールである新しい「なりわい」と自社の現在の「ギャップ」を確認し、その「ギャップ」を最短距離の直線で結ぶために自社が「どのような（HOW）」アプローチを採るべきかをディスカッションする。「どのような（HOW）」にあたる部分がグループの考える「戦略ロードマップ」であり、橋に例えると真っ直ぐに造られた橋の構造物の本体になる。

「戦略ロードマップ」が描けたら、次は「何を（WHAT）」するかを考えていく。自社が

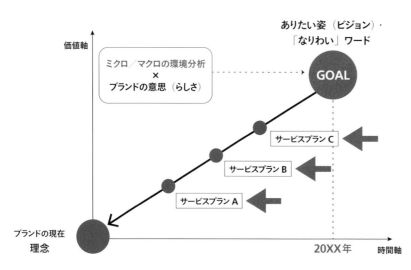

図48「バックキャスト」で具体的なサービスを創出する

154

図49 フレームワーク
「サービスプランシート」

サービスプランシート

タイトル	サービス実現のために 連携する部署、利用する技術
お客さまとの視点	サービスのビジュアルイメージ
お客さまの悩みの何を解決するのか	
サービスプランの具体的な内容	

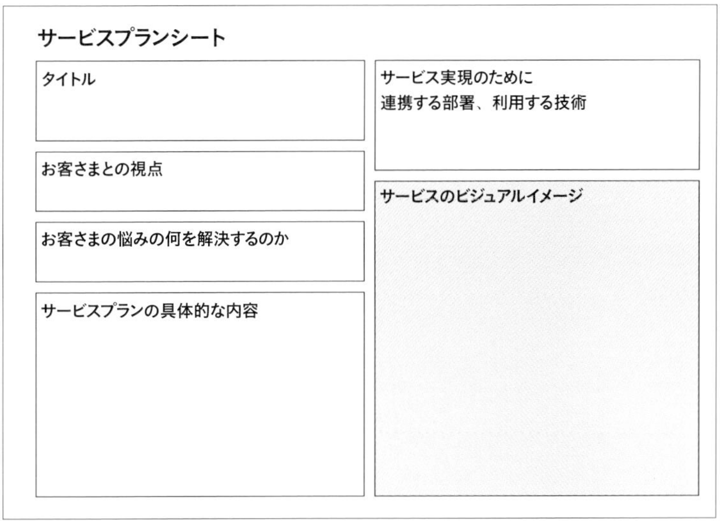

20XX年に目指す「なりわい」を実現できた場合、お客さまにどんなタイプのサービスが提供できているか、次に今から1〜2年後には何が実現できているのか、そして最後に明日にでもすぐに着手し導入しなければならないサービスは何か、という順番でアイデアを拡散させていく。「サービスプラン」は橋でいうと「橋脚」に相当する。壮大な橋をかけるためには大きくて頑丈な橋脚が何個も必要になることはいうまでもない。

それぞれの時点で取り組むべきサービスについてグループでそれぞれの方向性について合意形成が取れたところで、今度はグループの2〜3人がひとつの単位になって分業に入る。時系列で区切られた3つの期間でお客さまに提供すべきサービスについて、それぞれ「サービスプランシート」を使って具体化させていく。

「サービスプランシート」[図49]に記入すべき項目は以下のような内容である。

● タイトル：サービスプランの名称は何か？お客さまに何と紹介するか？
● お客さまとの接点：お客さまとどこで（コンタクトポイント）つながるか？

● お客さまの悩みの何を解決するのか：そのサービスはお客さまのどんな悩みや課題（○○してほしい）に応えるものか？
● サービスプランの具体的な内容：アイデアは具体的にどんなサービスなのか？箇条書きで整理してみよう
● サービス実現のために連携する部署・利用する技術：アイデアを実現するために社内のどういう部署（または社外のどういう会社）と連携しないといけないか？またどういうデジタル技術が必要になるか？
● サービスのビジュアルイメージ：お客さまにサービスが提供される時の具体的なイメージはどういったものか？簡単なイラストで表現してみよう。

小グループでの「サービスプランシート」の記入が終わったら、再びグループ全体でのディスカッションに戻り、作成された「サービスプラン」を共有して内容のブラッシュアップをしていこう。この段階では、技術的にボトルネックがあること、過去にトライしてうまくいかなかったことやコンプライアンス上、制約があることも可能性として排除せずに、目標としての理想形を描くべきである。個々の「サービスプラン」の精緻化が完了し

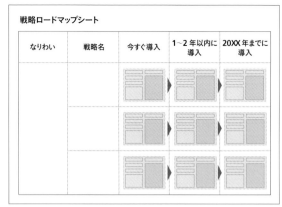

戦略ロードマップシート

なりわい	戦略名	今すぐ導入	1〜2年以内に 導入	20XX年までに 導入

図50 フレームワーク「戦略ロードマップシート」

たら、時系列的に「なりわい」からバックキャストする形で創出された3つ以上の複数の「サービスプラン」が「戦略ロードマップ」の考え方とずれていないか、再度、検証してみよう。

　グループでのディスカッションに区切りがついた段階でタスクフォースチーム全体での中間発表を行って各グループが考える「戦略ロードマップ」と「具体的なサービスプラン」について代表者にプレゼンテーションをしてもらう。
　発表を進めていくうちに、「戦略ロードマップ」は実はひとつではなく複数のオプションがあること、戦術としての「サービスプラン」にもバリエーションがあることに気づくかもしれない。向こう岸に渡るための橋は実は必ずしも1本だけとは限らないし、現時点で戦略の違いに優劣をつけることは早計である。逆にグループの枠組みを超えて似通った戦略や「サービスプラン」があれば整理・統合していき、最終的に「戦略ロードマップ」シート［図50］に戦略とサービスプランをプロットしていく。

　さあ、目指す「なりわい」をゴールとして、そこからバックキャストする方式で「戦略ロードマップ」と具体的な「サービスプラ

ン」を描くことができた。これでほぼ完成だが、『Power Session®』ではこれらの成果物を「絵に描いた餅」に終わらせないために、最後にもう一手間をかける。それが「Inside-Out」の形で創出されたサービスを精緻化する「プロトタイピング」と呼ばれる最後のステップである。
　Inside-Out型（企業主導）の「プロトタイピング」はいくつかあるが、本書では代表的なものを2つ紹介する。「サービスブループリント（設計図）」と「ビジネスモデルキャンバス」である。
　この2つのツールはサービスプランの「プロトタイプ」（ひな形）を作り、実際にOutside-In（お客さま主導）のアプローチでユーザーテストを行う前に失敗のリスクや弱点に気づいてアイデアの精度を上げることができるプロセスである。

　まず「サービスブループリント（設計図）」［**図51**］であるが、サービス実現するための手順や社内リソースの活用方法をフローチャートの形で表現、お客さま主語でオペレーション上の課題を探していくものである。ワークの手順としては、

1. サービスプラン導入後のお客さまの行動（お客さまから見れば理想のカスタマージャーニー）を描く
2. 企業とお客さまの接点（コンタクトポイント）を描く
3. お客さまと直接接する企業のサービス担当者の行動を描く（デジタルのサービスであればWEBサイトやアプリの画面遷移を描く）
4. 企業のサービス担当者の行動を背後から支援する資源（裏方で働く社員やITシステム）の動きを描く
5. 上記の動きで相互に関連するものについ

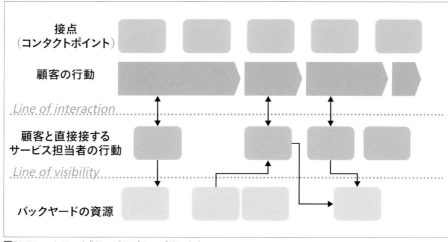

図51 フレームワーク「サービスブループリント」

接点
（コンタクトポイント）

顧客の行動

Line of interaction

顧客と直接接する
サービス担当者の行動

Line of visibility

バックヤードの資源

Key Partners パートナー	Key Activities 主要活動	Value Proposition 価値提案	Customer Relations 顧客との関係	Customer Segments 顧客セグメント
	Key Resources リソース		Channels チャネル	
Cost Structure コスト構造			Revenue Streams 収益の流れ	

図52 フレームワーク「ビジネスモデルキャンバス」

ては矢印でつないでいく
という形である。企業が提供するサービスに
よってお客さまに理想的な体験をしていただ
くためには、直接、お客さまに向き合う担当
者やデジタルツールだけではなく、お客さま
の目に触れることのないバックヤードで裏方
の社員やITシステムがどのような形で連携し
理想的なサービスを実現していくか、設計図
を描くような発想で可視化していくことで、

「サービスプラン」シートでは気づきにく
かった、バックヤードで発生しがちな弱点や
機会点を発見できることも多い。
　一方で、創出したサービスプランがビジネ
スモデルとしてロジカルにワークするかどう
かを9個のマスにキーワードを配列すること
によって検証していくフレームワークが「ビ
ジネスモデルキャンバス」［図52］である。
　「ビジネスモデルキャンバス」の最大のメ

リットは分厚い事業計画書を作成するための膨大な時間とエネルギーを省略して、ほんの数十分で創出したサービスプランがビジネスモデルとしてきちんとワークするかどうかが判別できるという点だ。ワークの手順は以下のようになる。

1. まずサービスプランの提供価値（VP）を明確にする
2. どういうお客さまとどういう形でつながるか定義する
3. 主要な活動は何か、そのためにどんなリソースを活用するのか、社外のどんなリソースと連携するかを整理する
4. 最後に収益の流れとコスト構造を整理する

「ビジネスモデルキャンバス」の上段中央に「価値提案」があり、その右側3個はお客さまとの関係性に関連する項目、反対の左側の3個はリソースの活用に関連する項目が来る。そして、「ビジネスモデルキャンバス」の下段の左右はコストと収益の関係性に関連する項目を表す。ビジネスモデルとしてうまくワークするサービスプランの場合、9個のマスにはバランスよくキーワードが配列される。しかし、反対に問題の発生が予測される場合は、お客さまとの関係性かリソースの活用か左右のどこかに致命的に欠落している要素があったり、収支のバランスが悪くコスト負けの状況が予測されたりする。「ビジネスモデルキャンバス」を使うことで、ビジネスモデルとしての筋の良し悪しが瞬時に判別できるようになっている。

「サービスブループリント」は1980年代に開発されたフレームワークだが、「ビジネスモデルキャンバス」は第2章で見たようにDX時代に入って多様なビジネスモデルが次々と誕生する中から開発されたフレームワークであり、2010年頃以降、シリコンバレーのスタートアップ企業の間で盛んに活用されてきたという歴史を持つ。

そのほか、『Power Session®』で行うプロトタイピングには紙のアイデアを可視化のレベルを上げていく過程でアウトプットイメージの完成度を高めていく「ビジュアル化」「立体化」や、お客さまと企業の応対のやり取りを演劇のリハーサルのような技法で擬似的に再現しグループで評価しあって改善を行う「サービスロールプレイ」という手法もよく用いられている。

さあ、これで5日間に及ぶ「なりわい」再定義のための『Power Session®』のプログラムがすべて終了した。タスクフォースチーム全員の顔には重大な責任を果たした安堵感が漂っていることだろう。スマートフォンのカメラに保存しておいた5日間のアウトプットをパワーポイントに起こし、エグゼクティブサマリーをつければ経営トップへの答申（プレゼンテーション）もすぐにできる。企業内の組織や階層の枠組みを超えた叡智が集まり、納得がいくまで議論を重ねて合意形成にたどり着くことで、自社の新たな「なりわい」に関する「WHY」と「HOW」と「WHAT」がセットで創出されることのインパクトは大きい。ロジカルなストーリーは経営トップはもちろん、現場の従業員にも十分に「腹落ち」できるものに仕上がっているはずだ。

そして、正式な機関決定を経て、企業の新しい「なりわい」はイノベーションを生み出すための「旗印」となる。「サービスプラン」はそれぞれ担当する部署に下され、導入に向けてプロトタイプとテストが繰り返されるだろう。

第3章のau/KDDIの企業事例で見たように、タスクフォースチームのメンバーは「なりわい」革新の熱き同志であるという自覚のもとに、変革の推進エンジンとしてさらなる活躍が期待される。「フロネシス」（賢慮、実践知。一橋大学名誉教授・野中郁次郎が提唱）に溢れ、高い現場感覚、大局観、判断力をバランスよく兼ね備えた「フロネティック・リーダー」はまさに組織や階層の枠組みを超えたイノベーション活動を通じて生み出されるのだ。次世代の経営層はタスクフォースメンバーの中から輩出されることは間違いないだろう。そして『Power Session®』の5日間は「なりわい」革新のスタートラインとなった記念すべき日として、従業員の間で長く記憶されていくことになるはずだ。

COLUMN 6　クリエイティブチーム参加の効用

　『Power Session®』ではアートディレクターやコピーライターなどクリエイティブな才能を持った人材がファシリテーターのサポートメンバーとして参画するケースがある。

　アートディレクターが力を発揮するのは「サービスプラン」の創出のタイミングである。サービスのコンセプトや実際にサービスが行われる様子など、グループのメンバーとの会話のやり取りを通じてアイデアをスケッチに起こしてビジュアル化する。言葉による説明だけでは細かいニュアンスが伝わらないシーンを『Power Session®』のまさに現場で可視化することで、アイデアの訴求力が格段に上がるだけでなく、イメージスケッチから触発されて、アイデアをバージョンアップさせるための刺激剤にもなり得る。

　コピーライターは「未来シナリオ」や「ありたい姿」「なりわい」ワードの落とし込みの局面で存在感を示す。コピーライターはタスクフォースメンバーが概念を表現に落とし込む段階でスタックしてしまったときに、トランプのカードを1枚1枚切るような感覚でキーワードのバリエーション（候補）を提示していく。この際、「ありたい姿」や「なりわい」ワードにはコピーワークのレトリックは不要である。少しゴツゴツしていて、わかりやすさ、イメージの広がりやすさを優先していく方が良い。最終的に「ありたい姿」や「なりわい」ワードをまとめ上げるのはコピーライターではなく、タスクフォースメンバーの仕事である。

　オンライン会議システムを使って、リモート環境で『Power Session®』を開催することも可能である。ただし、ワークショップの運営には以下に示すような形でそれなりの工夫と事前の準備が必要になる。

1. リアルのワークショップになるべく近い環境を整える
2. 中間発表やワールドカフェ（【コラム4】参照）を実施し、〈タコツボ〉を壊す
3. 事前ミーティングを実施、モチベーションを高める

　まず、「リアルのワークショップになるべく近い環境を整える」について。〈DAY1〉「なりわい」再定義のタスクフォースチームを編成する、まではリアルでワークショップを実施する場合と同様である。会場の設営準備をする代わりに、リモート会議システム（Zoom、Webex、Teamsなど何でも良い）を使って「全体説明ルーム」と「各グループのワークルーム」を設定し、それぞれのミーティング#、パスコード、URLをタスクフォースメンバーに案内しておく。
「全体説明ルーム」は情報共有、ワークフローの説明、中間発表や最終発表で使い、原則、この時間帯はタスクフォースメンバー全員に入室してもらう。一方で各グループのグループワークはそれぞれの「ワークルーム」で行ってもらう。ファシリテーターと事務局は新型コロナ感染対策をした上で広めの会議室に「全体説明ルーム」と「各ワークルーム」に対応するPCを準備し、各グループのワークの進捗が把握できるようにし、ファシリテーターは適宜、参加してアドバイスができるようにする。
　またリアルでワークショップを行うケースと同様、『Power Session®』のテンプレートや参考になるワーク事例、1日のタイムスケジュールなどは事前に配布し、タスクフォースメンバーに予習をしてきてもらうと良いだろう。

　次に「中間発表やワールドカフェを実施し、〈タコツボ〉を壊す」について。
　リモート環境の最大の欠点は他のチームのワークの進捗がギャラリー的に確認できない点にある。ひとつのワークが完了したら必ず「中間発表」の時間を挟んで、各チームがお互いのアウトプットを共有できる機会を設ける工夫が必要である。またワークグループのメンバーの一部を入れ替える「ワールドカフェ」をたびたび行うことで、〈タコツボ〉を壊し、新鮮なアイデア発想ができるようになる。一方でメンバーの入れ替わりを頻繁に行うと「迷子」が出てくるリスクもある。あらかじめ、「ワールドカフェ」の移動リストを共有しておき、この時間帯、自分はどのグループでワークしていなければならないか、全員に把握しておいてもらうと良いだろう。

そして最後に「事前ミーティングを実施、モチベーションを高める」について。

リアルのワークショップに比べると、ファシリテーターが目配りできる範囲も限られてしまうし、あるグループがワークの進め方がわからない、議論が収束に向かわないなど困った状況にある時に必ずしもタイムリーに助け舟を出せるとも限らない。そこでそれぞれのグループに、ファシリテーターの分身である「テーブルファシリテーター」とファシリテーターとの連絡とワーク成果の記録に責任を持つ「リエゾン」をアサインしておき、リモートのワークショップの前にファシリテーターとミーティングを設定する。「テーブルファシリテーター」にはワークの進め方とゴールイメージをインプットしておき、議論を進める上であらかじめボトルネックになりそうなポイントを伝えておいて、その時の対処法をアドバイスしておく。「リエゾン」の役割も重要である。リモートでの『Power Session®』では、模造紙とふせんではなく、パワーポイントやエクセルで作成したテンプレートを使うことになるが、グループの各メンバーが勝手にテンプレートに書き込んでいくと何が合意形成され、何が議論の途上にあるかわからなくなってしまう。そこで「リエゾン」が合意形成された意見だけをテンプレートに書き込めるようにするのである。

事前ミーティングを開催することで、「テーブルファシリテーター」「リエゾン」の『Power Session®』に対する理解度が進むだけでなく、重要な役割をアサインされたことでモチベーションが高まるという効果も確認されている。

著者のファシリテーターとしての長い経験から「密接」や「密着」は良いコミュニケーションの基本だと考えている。ただし新型コロナの感染対策上、リアルで「密接」「密着」を作ることは難しくなっている。しかし、そこで諦めるのではなく、工夫と事前の準備で「バーチャル密」を作り出すことは十分に可能であることが、過去1年間の取り組みで検証されてきている。

PC①

＊ワーク手順の説明や
全体発表の際に利用

全体説明ルーム

ミーティングID：・・・・・・
URL）https://・・・・・

グループルーム　＊グループワークで利用

	PC②	**PC③**	**PC④**	**PC⑤**
	ワークルームA	ワークルームB	ワークルームC	ワークルームD
	リーダー：Aさん	リーダー：Bさん	リーダー：Cさん	リーダー：Dさん
	リエゾン：Pさん	リエゾン：Qさん	リエゾン：Rさん	リエゾン：Sさん
MTG#	ミーティングID：	ミーティングID：	ミーティングID：	ミーティングID：
	………	………	………	………
URL	https://……	https://……	https://……	https://……

「働き方のニューノーマル」と
日本企業の「なりわい」革新

企業の「なりわい」革新は、DXの進展と関係が深いだけにとどまらない。「なりわい」革新を成功に導くためには、お客さま体験デザイン（インターナル活動＝CX）のみならず、従業員体験デザイン（エクスターナル活動＝EX）の刷新が不可欠である、というのが本書の主張の根底にある。企業のイノベーション創出への取り組みを従業員体験デザイン（インターナル活動）のレベルまで掘り下げて分析した本書のアプローチは、企業の「なりわい」に着眼し、事業の持続的成長に奮闘する日本企業の最前線で活躍される方々に新たな気づきや発見を提供できたのではないかと考えている。

また、本書の記述のベースにあるのは私たち著者3名（望月真理子、中町直太、朝岡崇史）の生きた知見、すなわち日本企業のCX戦略やインターナルブランディングの作業現場の最前線で培われてきた（ゆえに磨かれ続けてきた）実践的なメソッドやノウハウである。明日からでも実践し、役立ててほしい。

従業員体験デザイン（インターナル活動＝EX）の関連では、昨今、コロナ禍における「働き方のニューノーマル」が広く議論されている。「おわりに」では、「働き方のニューノーマル」の環境下で今後「なりわい」革新に取り組む企業に必要とされる留意点や心構えはいかなるものなのか、第4章までで十分にお伝えしきれなかった内容に絞って整理を行い、本書の締めくくりとしたい。

まず、多くの企業においてアフターコロナの「働き方のニューノーマル」として想定されているのは以下の3つのような変化に集約できるだろう。

1. ワークスタイルとしてのテレワークの定着
2. オフィスの再構築とその役割の変化
3. 社内コミュニケーションのデジタルへの適応

1.の「ワークスタイルとしてのテレワークの定着」については、企業の社内だけでなく、お客さま（クライアント）、サプライヤーや協力会社との間のやり取りも原則、対面ではなくリモートでのやりとりが常態化するということである。

また2.の「オフィスの再構築とその役割の変化」については、オフィスビルのフリーアドレス化やダウンサイジングだけではなく、ABW（Activity Based Working：従業員が仕事の内容に合わせて好きな「場所」で働けるワークスタイル）も含まれる。

そして、3.の「社内コミュニケーションのデジタルへの適応」については、部会やチーム会など絆づくりと情報共有の場がリモート化されるだけでなく、スキル向上のための社内研修や成果評価の仕組みがデジタルに適応した形に置き換わることも意味する。

DX時代に急速に普及したデジタルのコ

ミュニケーションツールを工夫しながら活用すれば、以上、見てきたような「働き方のニューノーマル」を克服し、本書の第3章で紹介した「なりわい」革新を成功に導くインターナル活動（「見える化」「自分ゴト化」「行動化」「文化化」のプロセス）を、うまくコンプリートできそうに見える。事実、第4章の最後でも『Power Session®』をリモートで実施する方法について提示させていただいたし、実際の企業活動においてもリモートワークに移行後、懸念されるような業績ダウンはないと報告されるケースも多い。しかし、こうしたデジタルの「ツール」（リモート会議システムやクラウドの活用など）は果たして人間の精神的にナイーブな部分にまでうまく作用するのだろうか？　インターナル活動のプロセス、具体的には、経営層や部門トップのモチベーションを高めたり、大勢の従業員の心を動かして行動を変容させたりする場面でもあまねく有効だと言い切れるだろうか？　そもそも現場の従業員にとって会社や上司・同僚とのリアルな接点の多くが消失し、プライオリティの高い、必要不可欠な接点だけがデジタルに置き換わるようになる結果、徐々に従業員個人のアイデンティティや帰属意識が薄まり、イノベーションへの熱量が低下するおそれはないのだろうか？

今一度、おさらいの意味で第3章の企業事例を思い返してみよう。ヤッホーブルーイング、au/KDDIのケースはどうだったか？「デジタルを文化として根付かせる」ことを主眼とするSOMPOホールディングスでは、インターナル活動の主要なコミュニケーションをデジタルに依存していたか？

〈その1〉経営層から従業員へは要所要所 の接点で「ハイタッチ」を駆使する

まず、「なりわい」革新を持続的に成功に導くインターナルブランディングのプロセス、特に「見える化」以降の「自分ゴト化」「行動化」「文化化」のプロセスにおいては、経営層から従業員に対して「対面」や「個別対応」を中心とした「ハイタッチ」が不可欠であることをあらためて確認したい。

このことをカスタマーサクセスの「タッチモデル」を使って説明する。カスタマーサクセスとはCX戦略やCRM戦略の考え方の一部で、購入・契約してくれたお客さまに対し、製品やサービスをさらに活用してもらうことでお客さまの課題解決や利益向上につなげ、成功（サクセス）してもらうための企業活動のことを言う。「タッチモデル」は［図53］の

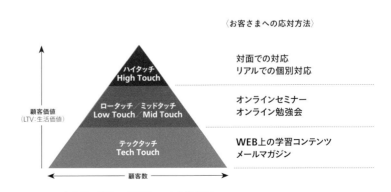

図53 カスタマーサクセスの「タッチモデル」

ように縦軸に顧客価値（LTV：お客さまの生涯価値）、横軸に顧客数を示す平面上に三層のピラミッド構造の図を描くことで示される。

最上層は「ハイタッチ」が必要とされる、企業にとって最重要のお客さまを表す。「ハイタッチ」とは冒頭で述べたように「対面」や「個別対応」などヒトを介した丁寧な応対である。「ハイタッチ」はアナログ的な対応のために手間とコストが掛かるが、企業はリターンとして大きな利益を期待できる。中間層は企業にとってまずまず重要なお客さまである。将来的に顧客価値が上昇することも考えられるため、「オンラインセミナー」や「オンライン勉強会」など「ロータッチ/ミッドタッチ」で対応しておく。そして最下層が不特定多数のボリュームゾーンで、「WEB上のチュートリアル（学習）コンテンツ」や「メルマガ」など極力、手間とコストを掛けない「テックタッチ」でフォローをする。

ここで発想を転換し、「企業にとって従業員もお客さまである」と読み換えて「タッチモデル」を企業の「なりわい」革新に向けたインターナル活動に適用してみたらどうだろう。従業員数は例えばau/KDDIで4.5万人、SOMPOホールディングスでは7.8万人（いずれも連結ベース）という大きな規模であるから、数の上だけでは大半の従業員に対してはWEBやメールを駆使した「テックタッチ」の対応が「タッチモデル」戦略の定石になる。とすれば、インターナル活動も「テックタッチ」中心の進め方で良いということになるが、実際のところはどうか？

経営層が関与するインターナル活動、具体的にはau/KDDIの髙橋社長が「全国行脚」する対話集会「ワクワクツアー」、SOMPOホールディングスの楢﨑CDOが他部門の役員を腹落ちさせるための「飲みニケーション」活動やデジタル戦略部（SOMPO Digital Lab）

を各事業会社の人材を鍛錬する「虎の穴」として活用する取り組みを思い出してほしい。リアルでの「対面」や「個別対応」を中心とした「ハイタッチ」は手間とコストが掛かるだけでなく、短期的には効率も非常に悪いように見える。しかし、「自分ゴト化」「行動化」「文化化」を促進するためには、新型コロナの感染予防対策を施した上で、要所要所の接点で当事者である従業員に「期待や想定をはるかに超えた感動的な体験」をしてもらうことも必要になる。

経営層は従業員の心を掴むために、必要と判断したケースではあえてリアルなコミュニケーションにこだわるべきである。そして「ハイタッチ」の打ち手を繰り出す。「働き方のニューノーマル」環境でも、ヒトを介した実直な「ハイタッチ」効果を決して見下すべきではない。

〈その2〉フロネティック・リーダー層が 従業員の「オーケストレーション」を促す

次に企業内部で組織横断のタスクフォースを編成、「なりわい」再定義を行う活動を通して得られる組織能力の向上について言及したい。タスクフォースチームの活動は人財の成長も促す。

知識が企業の資源の中核になる情報化社会が到来すると、その組織は「中央集権型（軍隊型）」から自律分散型で全体最適を目指す「オーケストラ型」へ移行すると予言したのがP.F.ドラッカーである。ドラッカーはDX時代がスタートする以前に出版した『ポスト資本主義社会』（1993年 ダイヤモンド社 上田惇生他訳）の中で「明日の組織のモデルは、オーケストラである。250人の団員は、それぞれが専門家である。それも極めつきの専門家で

ある。オーケストラでは、すべての団員がそれぞれの専門能力を全体の使命に従属させる」「オーケストラでは、多いときには、100人を越える高度な技術を持った音楽家がともに演奏する。しかし〈経営管理者〉は1人である。彼と団員たちの間に中間的な〈階層〉はない」と記し、新しいタイプの組織の誕生を予言した。

　ご参考までに「中央集権型（軍隊型）」でピラミッドに例えられるのが1900年代初頭、フレデリック・テイラーの提唱した「科学的管理法」を起源とした「ウォーターフォール型」と呼ばれる組織であり、一方でドラッカーが予言した「自律分散型で全体最適を目指す」オーケストラのような組織は「アジャイル型」（Agile：俊敏な）と呼ばれている。「ウォーターフォール型」と「アジャイル型」の組織の違いを対比したのが下の［図54］になる。「なりわい」革新にチャレンジしている、または真剣に検討している企業の多くはすでに「アジャイル型」組織導入を完了したか進めているはずだ。

　さて、CX（カスタマーエクスペリエンス）戦略の世界ではドラッカーのこの考え方を受けて、企業の従業員がお客さまの豊かなブランド体験の実現のために組織や階層の枠組みを超えて協働することを「オーケストレーション」と呼んでいる。

　「なりわい」革新を成功させたい企業にとって、「オーケストレーション」の象徴でもあり、実践の最初のチャレンジでもある活動は「なりわい」再定義のワークショッププログラム『Power Session®』の実施であることは言うまでもない。『Power Session®』の成果は企業の新たな「なりわい」に向けた組織としての意思決定(具体的な成果物は「ビジョン」「なりわいワード」や「サービスプラン」など)であるが、第4章の最後でも述べたように、このプロセスには思わぬ副産物が期待できる。改革を推進する強力なエンジン、タスクフォースチームの主力である部門のリーダー層が「賢慮」と「実践知」を兼ね備えた「フロネティック・リーダー」へとバージョンアップすることである。

　『Power Session®』を行って時代を先取り

図54「ウォーターフォール型」から「アジャイル型」組織へ

	ウォーターフォール型	アジャイル型
メタファー	ピラミッド （中央集権型で部分最適）	オーケストラ （自律分散型で全体最適）
組織づくりの思想	企業主語 企業の収益重視	お客さま主語 CX（顧客体験）価値提供重視
組織の特徴	要件定義→設計→実技→テスト→リリースを時間をかけ、川の流れのように一方通行で行う	アイデア→プロトタイプ→テスト→リリースを高速で回す。おかしいと思ったら前に戻る
組織の単位	経営層>事業部>部>課>係	トライブ（部隊）＝ スクワッド（分隊）×チャプター（支部）
適応する環境	変化が少ない平時 （失敗は減点）	変化が激しいDX時代 （失敗を恐れない、失敗からも学ぶ）

するブランド価値の再定義や「なりわい」の方向性を意思決定したau/KDDIの事例を思い出してほしい。部門のリーダーが組織の垣根を越え、本音と本音をぶつけ合う真剣なディスカッションを重ねることを通じて、共通の価値観とゴールを深いレベルで共有することになった。すなわち、タスクフォースチームは環境変化をベースとする「現場感覚」を共有しながら「大局観」をつかみ、最終的には「判断力」に磨きをかけた。

しかも今回、インタビューさせていただいたau/KDDIの「なりわい」変革のキーマンである経営戦略本部の明田健司氏、渉外広報本部の鈴木吾朗氏、ブランド・コミュニケーション本部の馬場剛史氏をはじめとして、「なりわい」変革の活動にコミットした社内の各部門のリーダーは皆、熱き想いで結ばれた「同志」であり、同時にアイコンタクトで理解しあえるオーケストラの団員のような関係でもある。「働き方のニューノーマルの環境」下では、新型コロナ感染対策からリアルでの開催を見送り、オンラインでタウンホールミーティングや経営トップとの対話集会を行わなければならないようなケースも多くなるかもしれない。しかし、彼ら「フロネシス」を兼ね備えた部門のトップが率先垂範してタクトを振ることで「なりわい」革新への熱量の高さをアピールでき、配下の従業員の「オーケストレーション」（自律分散型のプロ集団化）を促進することも容易になる。また部門トップ同士の信頼関係が深ければ部門を超えた活動の連携もそのハードルが低くなるはずだ。

「なりわい」革新には経営トップのリーダーシップも重要だが、現実的に改革の担い手になるのは経営直下の部門トップの階層である。「オーケストレーション」というキーワードは現場の従業員の「自分ゴト化」「行動化」「文化化」を推進する上での試金石になるだろう。

〈その3〉「アジャイル型」組織内でチェンジリーダーの従業員を増やす

最後は企業の競争優位を高める戦略として注目される「アジャイル型」への組織改革と現場の従業員との関わり、とりわけ従業員レベルでチェンジリーダーの資質を持った人材を増やしていく（従業員も自発的にチェンジリーダーになることを目指す）ことの重要性について述べたい。

お客さまの気持ちの変化に寄り添って商品やサービスの設計を考え直し、お客さまへの共感、課題の定義、商品やサービスのアイデアの創出、プロトタイプ（試作品）の制作、テストのサイクルを迅速に回すことを目的として「アジャイル型」の組織の導入が日本の企業でも進みつつある。「アジャイル型」組織はお客さま主語で知の「探索」や組織能力の「深化」を模索するという点で企業の「なりわい」変革と親和性が高い。

それでは「アジャイル型」組織の構造とは具体的にどのようなものか。[**図55**]のような形で整理すると理解がしやすい。

「アジャイル型」組織の基本単位は「スクワッド（Squad：分隊）」と呼ばれる、スタートアップのような雰囲気を持った縦軸の少人数のプロジェクトチームである。リサーチ、マーケティング、プロモーションなど専門性を持ったメンバーからなるクロスファンクショナルな編成が特徴である。「スクワッド（分隊）」ごとに「プロダクトオーナー」が任命され、お客さまにどのような価値を提供するかのゴールをメンバーに示すとともに「スクワッド（分隊）」のアウトプットに対する責

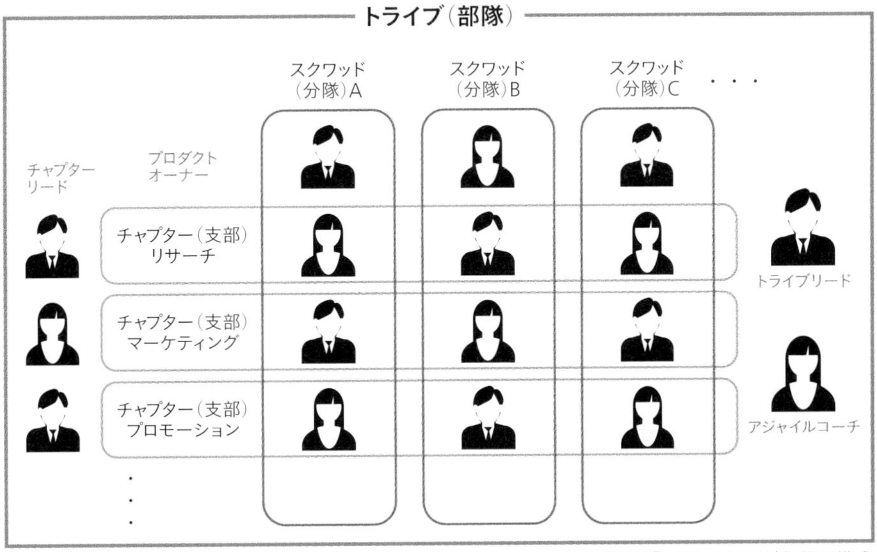

図55「アジャイル型」組織の構成

任を負う。

　そして、「スクワッド（分隊）」に専門性を持った人材を供給する横軸のグループが「チャプター（支部）」である。「チャプター（支部）」は「スクワッド（分隊）」を横断したつながりを持つことで専門性を高めたりナレッジシェアを円滑に行ったりすることが可能になる。「チャプターリード」がチャプターに所属するメンバーのコーチングやパフォーマンスのマネジメントを担う仕組みである。

　さらに「スクワッド（分隊）」がいくつか集まって、「トライブ（部隊）」を形成する。ひとつの「トライブ（部隊）」は150人程度の規模になる。より広い視野でお客さまへの提供価値を最適化する、優先順位を決定し、適切な予算を配分するというのが「トライブ（部隊）」の主要機能であり、これを統率する責任者が「トライブリード」である。

　その他、「トライブ（部隊）」にはチームにアジャイル型のワークスタイルの浸透を促進させる役割を持った「アジャイルコーチ」も存在する。「アジャイルコーチ」は「スクラムマスター」という名称で各「スクワッド（分隊）」内に1名ずつ配置されるケースもあ

る。

　「アジャイル型」組織は、ソフトウエア開発会社や広告会社などデザイン思考に基づいてサービス開発を行う企業には以前から当たり前のように定着していた。ドラッカーの予言が見事に的中し、DX時代になってIT企業のスポティファイや巨大金融グループのINGなどに「アジャイル型」組織が採用されたことで一躍注目を浴び、大手ビジネスコンサルティング会社も研究と普及に力を入れていると報告されている。従業員をプロジェクトベースで機動的に配置することで成果評価がしやすくなるという企業側の思惑もあるのだろう。第3章で紹介したSOMPOホールディングスで新サービスのPoC（Proof of Concept：概念実証。新しいサービスのアイデアの実証を目的とした検証やデモンストレーション）を開発するデジタル戦略部（SOMPO Digital Lab）主導の体制やヤッホーブルーイングでファンとの交流イベント『よなよなエールの超宴』を企画・運営する体制は、まさに「アジャイル型」のチーム組織になっている。

　それでは「アジャイル型」組織をその狙い

167

通りに機能させるためにはどうしたら良いか？　それは現場の従業員レベルでもチェンジリーダーの育成が不可欠であるということだ。経営層や部門トップの肝煎りで組織改革を行い、既存の縦割り組織を「アジャイル型」組織に模様替えしただけでは「絵に描いた餅」「仏作って魂入れず」「笛吹けど踊らず」ということになりかねない。特に「働き方のニューノーマル」が定着し、従業員個人のアイデンティティや帰属意識、イノベーションへの熱量が低下した状態で、テレワークを前提にして「アジャイル型」組織を動かそうとするのであれば、そのリスクはさらに大きくなる。組織図上、チェンジリーダーの役割を担うのはトライブリードやアジャイルコーチといった現場を管轄するマネジメント層だが、「働き方のニューノーマル」の環境下では「アジャイル型」組織運営はメンバー間の温度差が発生しないよう、スクワッドのメンバー全員もしくは大半がチェンジリーダーの資質を身につけることを目標としなければならない。

ヤッホーブルーイングにおいて、佐藤潤よなよなピースラボ（CRM/CXデザイン）ユニットディレクターからご紹介いただいた「チームビルディング研修」の目的は、元祖チェンジリーダーの井手直行社長の分身を従業員レベルで複製することだったし、SOMPOホールディングスの「デジタル〈虎の穴〉（SOMPO Digital Labへの社内留学）」も目指すところは「業界脳」を脱却し、「安心・安全・健康のテーマパーク」業の新たなサービスを開発するチェンジリーダーを営業やマーケティング部署へ多数、実戦配備する取り組みに他ならない。要は従業員自身が主体性を持ち、会社の準備してくれる育成の機会を積極的に利用したり、ロールモデルとなる同僚から直に学んだりする形でチェンジリーダーになろうという気概を持つことが大切なのだ。

業務遂行上で必要な知識はリモート授業でも学べるかもしれないが、チームを動かす「体験」は熱量を伴った実践を通じてでないとなかなか体得できない。「アジャイル型」組織が「オーケストレーション」をそのフィロソフィーとしている以上、自律したプロとして従業員相互の「横の促し合い」も重要なファクターになってくるだろう。

結局、「なりわい」革新は「ヒト」の考え方や行動の革新である

本書を執筆している過程でふと思い立って少し懐かしい映画『フラガール』（2006年 シネカノン制作/配給）を観返した。石炭から石油の時代に変わる中で、完全閉山の足音が聞こえて来た1965年（昭和40年）前後の常磐炭鉱を舞台にした物語である。長年、いわき市の産業を支え続けてきた「炭鉱」業から、炭鉱から湧き出る温泉を活用した「スパリゾート」業という新しいタイプのサービス業への一足飛びの転換。最初に観た時とは違って「なりわい」理論を我がものとした今になって気づいたのは、『フラガール』を地元の炭鉱夫の娘たちを中心に結成されたフラガールの人間的成長を描いたストーリーとしてだけではなく、廃れゆく炭鉱町に暮らす人々の「なりわい」革新へ向けた壮大なチャレンジに焦点をあてて観ていくと一層味わい深く楽しむことができるということだ。

映画の前半、住宅街の安酒場でフラガールのリーダー・谷川紀美子（蒼井優）の兄・洋二郎（豊川悦司）が東京からはるばるいわき市までやって来た、鼻っ柱の強いフラダンス指導者・平山まどか（松雪泰子）と対峙する。

洋二郎が自らの境遇について愚痴をこぼすシーンがとりわけ印象的である。

洋二郎は（家出した紀美子についてまどかとのギクシャクしたやりとりの後）、自分が祖父の代から3代続く石炭掘りであり、父親の時代には石炭は「黒いダイヤ」と呼ばれて掘れば掘るほど金になったと述懐する。それに対して、まどかがもう石炭の時代じゃないでしょと強く突っ込むと、洋二郎は時代が変わったからといってどうして自分たちまでが変わらなければいけないか？　勝手に変わったのは時代の方じゃないか、とヤケ酒をあおりながらぼやくという図だ。

言うまでもなく豊川悦司演じる洋二郎は「炭鉱」業という廃れゆく「なりわい」を代表する人間の代表であり、対照的に松雪泰子が演じるまどかはフラダンスショーという新しい娯楽を目玉に「スパリゾート」業という新しい「なりわい」を街に持ち込む象徴的チェンジリーダーとして描かれている。映画『フラガール』におけるいわきの街の「なりわい」革新のストーリーは、そこに住む人々のインターナル活動のイノベーション、すなわち批判者を推奨者に変えていく「見える化」「自分ゴト化」「行動化」「文化化」の鮮やかなストーリーでもある。

時代の流れは速い。DX時代に入り、「Data is the New Oil.」（データこそ新しい時代の石油である）と言われてからすでに久しい。『フラガール』の時代、石炭が石油に産業を動かす原動力としての地位を譲ってから半世紀経つか経たないうちに、今度は「データ」という無形のデジタル技術が石油という燃える水から産業の原動力としての地位を奪いつつあるのは衝撃的でさえある。ただ、見誤ってはな

らないことは、デジタル技術は所詮、「ツール」に過ぎず、企業という組織を構成する生身の従業員＝「ヒト」の考え方や行動が変わらなければ（いつの時代も）到底イノベーションは達成できないということだ。

時代が変わったからといって、どうして自分たちまで変わらなければならないか？　勝手に変わってしまったのは時代の方だろうという劇中の洋二郎の心の叫びは昭和の当時もDX時代の今も「滅びゆく者の感傷」（負け犬の遠吠え）でしかない。

再生か、奈落か。本書で繰り返し見てきたように、未来は企業の「意思の力」でどうにでも変えることができるのだ。繰り返しになるが、「なりわい」革新は結局、企業の従業員という「ヒト」のマインドとアクションの革新でもある。企業の規模の大小に関係なく、多くの日本の企業とその下で働く従業員にとっての生き残りをかけた戦いとなるに違いない。今一度、大きく深呼吸をしてみよう。時代に流される側ではなく、ぜひとも時代の流れを創り出す側に賭ける道を選択しようではないか。

感謝に添えて

　最後に本書を出版するにあたり、ご尽力を
いただいた株式会社宣伝会議 取締役 谷口優
さま、同 書籍部部長 篠崎日向子さま、そし
て企業取材（第3章）に快く応じていただき貴
重なお話を伺わせていただいたヤッホーブ
ルーイング よなよなピースラボ（CRM/CXデ
ザイン）ユニットディレクター 佐藤潤さま、
ヤッホー広め隊（広報）ユニット 道本美森さ
ま、同 塚田紗衣さま、KDDI執行役員 経営戦
略本部長 兼 コーポレート統括本部 経営管理
本部 副本部長 明田健司さま、渉外・広報本
部 副本部長 鈴木吾朗さま、ブランド・コ
ミュニケーション本部長 兼 宣伝部長の馬場
剛史さま、SOMPOホールディングス デジタ
ル事業オーナー グループCDO 執行役専務楢
﨑浩一さまにはあらためまして深い敬意と感
謝を表します。

　さらには、コロナ禍でお忙しい中、企業事
例（第1章・第2章）で原稿のチェック・改訂
をご丁寧にご指導いただいたトヨタ自動車、
清水建設、伊藤忠商事、パナソニック、ス
ターフライヤー、富士フイルムホールディン
グス、ファーストリテイリング、SOMPO
ホールディングス、小松製作所、大和ハウス
工業、みずほフィナンシャルグループの皆さ
まにはこの場をお借りしてあらためまして御
礼を申し上げます。

※本書に登場される方々の役職名は2021年12月現在の
ものです。

【参考文献】

- 『ビジョナリー・カンパニー　時代を超える生存の原則』(ジム・コリンズ、ジェリー・ポラス著、山岡洋一訳 日経BP社 1995年)
- 『勝間式「利益の方程式」』(勝間和代著 東洋経済新報社 2008年)
- 『いま世界ではトヨタ生産方式がどのように進化しているのか！ 取り残される日本のものづくり』(中野冠著 日刊工業新聞社 2017年)
- 『劇画 トヨタ喜一郎 復刻版』(木本正次原作、影丸譲也画 産業技術記念館 1994年)
- 『SXの時代　究極の生き残り戦略としてのサステナビリティ経営』(坂野俊哉、磯貝友紀著 日経BP 2021年)
- 『ビジネスモデル・ジェネレーション　ビジネスモデル設計書 ビジョナリー、イノベーターと挑戦者のためのハンドブック』(アレックス・オスターワルダー、イヴ・ピニュール著、小山龍介訳 翔泳社 2012年)
- 『リーン・スタートアップ　ムダのない起業プロセスでイノベーションを生みだす』(エリック・リース著、井口耕二訳 日経BP社 2012年)
- 『ネット・プロモーター経営　顧客ロイヤルティ指標NPSで「利益ある成長」を実現する』(フレッド・ライクヘルド、ロブ・マーキー著、渡部典子訳 プレジデント社 2013年)
- 『経済変動の進化理論』(リチャード・R・ネルソン、シドニー・G・ウィンター著、後藤晃他訳 慶應義塾大学出版会 2007年)
- 現代語訳『論語と算盤』(渋沢栄一著、守屋淳訳 ちくま書房 2010年)
- 『世界標準の経営理論』(入山章栄著 ダイヤモンド社 2019年)
- 『競争優位の戦略　いかに高業績を持続させるか』(マイケル・E・ポーター著、土岐坤訳 ダイヤモンド社 1985年)
- 『企業戦略論　競争優位の構築と持続〈上〉〈中〉〈下〉』(ジェイ・B・バーニー著、岡田正大訳 ダイヤモンド社 2003年)
- 『ダイナミック・ケイパビリティ戦略』(デビッド・J・ティース著、谷口和弘他訳 ダイヤモンド社 2013年)
- 『ダイナミック・ケイパビリティの企業理論』(デビッド・J・ティース著、菊澤研宗他訳 中央経済社 2019年)
- 『成功する日本企業には「共通の本質」がある　ダイナミック・ケイパビリティの経営学』(菊澤研宗著 朝日新聞出版 2019年)
- 『両利きの経営　「二兎を追う」戦略が未来を切り拓く』(チャールズ・A・オライリー、マイケル・L・タッシュマ
- ン著、渡部典子訳 東洋経済新報社 2019年)
- 『ジョブ理論　イノベーションを予測可能にする消費のメカニズム』(クレイトン・M・クリステンセン他著、依田光江訳 ハーパーコリンズ・ジャパン 2017年)
- 『マーケティング発想法』(セオドア・レビット著 ダイヤモンド社 1971年)
- 『新装版 知識創造企業』(野中郁次郎、竹内弘高著、梅本勝博訳 東洋経済新報社 2020年)
- 『ワイズカンパニー　知識創造から知識実践への新しいモデル』(野中郁次郎、竹内弘高著、黒輪篤嗣訳 東洋経済新報社 2020年)
- 『失敗の本質 戦場のリーダーシップ篇』(野中郁次郎他著 ダイヤモンド社 2012年)
- 『スノーピーク「好きなことだけ！」を仕事にする経営』(山井太著 日経BP社 2014年)
- 『[新装版]心を高める、経営を伸ばす　素晴らしい人生をおくるために』(稲盛和夫著 PHP研究所 2004年)

第3章
ヤッホーブルーイング

- 『よなよなエールがお世話になります』(井手直行著 東洋経済新報社 2016年)
- ヤッホーブルーイング流の「フラット」なチームビルディングとは？〈前編〉
  経営理念の浸透のカギはコミュニケーションの仕組み化
  https://www.kokuyo-furniture.co.jp/solution/mana-biz/2019/02/post-363.php?fbclid=IwAR0vuJOVZIMVzrg8p7jCdfhKlgxDcCvKmzAj5Qyag9C0O58RIxd7rBz0ZTQ
- CMO Interview vol.4 前編　株式会社ヤッホーブルーイング　佐藤 潤 氏
  https://www.b-forum.net/series/pages/cmo_vol4/?fbclid=IwAR0aw5BagiGu4qdbNvUsX9MKeoVWxG6G7d4WV7nrWE0HT6r3NMVOL0D8Hys
- CMO Interview vol.4 後編　株式会社ヤッホーブルーイング　佐藤 潤 氏
  https://www.b-forum.net/series/pages/cmo_vol4-2/?fbclid=IwAR0aw5BagiGu4qdbNvUsX9MKeoVWxG6G7d4WV7nrWE0HT6r3NMVOL0D8Hys
- 熱狂的な"ファン"を育てる「ファンマーケティング」のコツ--よなよなエールやH&Mが語る
  https://japan.cnet.com/article/35136255/?fbclid=IwAR3iq1957XC0AVO8rxMs07pxPDJ8Lb29iIvnN2v_Gxdd5ikSQC1nxumbToc

- 「18年連続増収を導いた　ヤッホーとファンたちとの全仕事」(佐藤潤著 日経BP 2021年)

KDDI

- 12,000通りの働き方を可能にするKDDIの働き方改革 ── テレワーク、副業を推し進める理由
  https://www.onecareer.jp/articles/2039?fbclid=IwAR0u4H3dgi3zBySS84S7xlvE7Amwa0mq4lA02CYV1NK4B27HQ23yxQGliZ4
- 理想を描く、宣言する、透明性高く情報を共有する
  https://www.celm.co.jp/knowledge/kddi-work-style-reformation/
- 「au PAY」がスーパーアプリになったなら ── KDDIのキーパーソンが語るその世界
  https://k-tai.watch.impress.co.jp/docs/news/1231817.html?fbclid=IwAR0vuJOVZIMVzrg8p7jCdfhKlgxDcCvKmzAj5Qyag9C0O58Rlxd7rBz0ZTQ
- 「CXデザイン部」設立から5年のKDDI 体験価値が競争軸となる時代に
  https://mag.sendenkaigi.com/senden/202005/cx-strategy-from-design-to-improvement/018604.php

SOMPOホールディングス

- 【SOMPO】異例の「共同CDO」体制で作り上げた、すごいDX組織の裏側
  https://techblitz.com/sompo/?fbclid=IwAR0dCp7qA678vxpw9Z1EgFBuBRnWNz6ZlEZcWq3H5qADWDWWMkQA2_a3alk
- DX時代の読み書きソロバンは「ABCD」、変革リーダーが語る人材戦略
  「ITイノベーターズサミット2020」報告 (2)
  https://xtech.nikkei.com/atcl/nxt/column/18/01527/011800004/?fbclid=IwAR1pKknKXI1BXqhIEXRUwSVjIFLHtM7bb8_Jq81wGV1SDBrIs696UC5vSMI
- SOMPOホールディングス、部長を「ジョブ型雇用」に力量発揮しやすい環境へ
  https://www.netdenjd.com/articles/-/242585?fbclid=IwAR20RHuTDXlLanjZJkxI1-o5Xy2Y8SrfpETiR7X_86NWcpzgMMM_jIKzdvA
- 20代で課長昇進も…脱年功序列する損保ジャパンの狙い
  https://www.sankeibiz.jp/business/news/201102/bse2011020600001-n1.htm
- SOMPOひまわり生命、新しい働き方にチャレンジ
  https://www.hokende.com/news/blog/entry/2020/06/13/150000_1
- GAFAと一線画す、リアルデータ活用　SOMPO社長
  https://digital.asahi.com/articles/ASNCZ629CNCZULFA00F.html?_requesturl=articles%2FASNCZ629CNCZULFA00F.html&pn=5&fbclid=IwAR3haYuULYc0fYRWpSeDoCPQ9fuxVLZIDglv4zNb1VPfwCectVn6lwu0OOY

望月真理子 もちづき・まりこ
株式会社電通　ＰＲソリューション局
シニア・コンサルティング・ディレクター

1986年電通入社。当初5年間はマーケティング局に在籍した後、今日まで約30年間、一貫してコーポレートアイデンティティ（CI）、コーポレートブランディングを専門とし、企業理念やVI、企業スローガン等の開発、CC戦略の立案・実施に携わる。30年間で関わったCIは50件超。
仕事のスタイルは、「コンセプト策定からクリエーティブ、IN/OUTコミュニケーション戦略立案〜実施までの、一気通貫プロデュース」。会社員としてのライフワークは、「企業のアイデンティティの"発見"と"表現"、そしてその"実現"のお手伝いを通して、社会の役に立つこと」。

中町直太 なかまち・なおた
株式会社電通　ＰＲソリューション局
シニア・コンサルティング・ディレクター

2001年電通入社。マーケティングプロモーション局・営業局を経て、現在はPRソリューション局でコーポレートブランドコンサルティング／広報コンサルティングを専門とする。コーポレートブランドコンサルティング領域ではさまざまな業種で数万人規模の大企業からスタートアップ企業まで幅広く支援。特にインターナルコミュニケーションによる組織文化変革支援が得意分野。またPR領域では、放送局のディレクターとしてテレビ番組の制作、そしてグループ会社設立時の広報体制立ち上げを経験。クライアントワークにおいては自治体の新条例の成立支援や、国際的なビッグイベントの広報戦略立案など、大型プロジェクトの経験も豊富。

朝岡崇史 あさおか・たかし
株式会社ディライトデザイン 代表取締役／法政大学 大学院 客員教授

1985年電通入社。電通ではブランドコンサルティングを行うコンサルティング室長、電通デジタル エグゼクティブ・コンサルティング・ディレクターを歴任。現在は、ブランド戦略、カスタマーエクスペリエンス戦略を専門とするコンサルタント、ファシリテーター、研究者。北京伝媒大学　広告学院 客員教授（2013年）、公益社団法人日本マーケティング協会マーケティングマスターコース　マイスター（2011年〜現在）、U35新宿ビジネスプランコンテスト・アクティベーター（2018年〜）などを務めている。
主な著書に『拝啓 総理大臣殿 これが日本を良くする処方箋です』（2008年 東洋経済新報社 共著）、『エクスペリエンス・ドリブン・マーケティング』（2014年 ファーストプレス）、『IoT時代のエクスペリエンス・デザイン』（2016年 ファーストプレス）、『デジタルマーケティング成功に導く10の定石』（2017年 徳間書店 共著）がある。ウェブマガジン『JDIR』powered by JBpressに記事を連載中。

「なりわい」革新

事業×組織文化の変革で経営の旗印をつくる

発行日	2021年12月28日　第一版 第一刷

筆者	望月真理子 中町直太 朝岡崇史
発行者	東彦弥
発行所	株式会社宣伝会議 〒107-8550 東京都港区南青山3-11-13 新青山東急ビル9階 TEL：03-3475-3010 (代表) URL：https://www.sendenkaigi.com
装丁	松田行正 梶原結美
イラスト	大崎メグミ
本文DTP	NOAH
印刷・製本	三松堂印刷

ISBN: 978-4-88335-524-2
© 2021　Mariko Mochizuki, Naota Nakamachi, Takashi Asaoka
Printed in Japan

The Art of Marketing
マーケティングの技法

音部大輔 著

本書は、著者がP&G在籍時にその原型を開発した、マーケティング活動の全体設計図である「パーセプションフロー・モデル」の考え方を紹介。その使い方、つくり方、検証の仕方までを詳細にわたって解説する。

定価2640円（税込）　ISBN 978-4-88335-525-9

地域の課題を解決する
クリエイティブディレクション術

田中淳一 著

本書は、地域のクリエイターのために書かれたクリエイティブディレクションの入門書。これまで数々の地域案件に携わってきた著者が、都市圏と地域の環境の違いも踏まえながら、事例とともに実践に生かせる形で解説する。

定価1980円（税込）　ISBN 978-4-88335-529-7

実務家ブランド論

片山義丈 著

数多ある「ブランドの教科書」を読んで実践しても、どうしてもうまくいかない。著者自身のそんな経験をもとに、日本企業のブランドや商品が本当の意味でのブランドづくりに実践できる方法を実務家の視点からまとめた。

定価1980円（税込）　ISBN 978-4-88335-527-3

パーパス・ブランディング
〜「何をやるか?」ではなく、
「なぜやるか?」から考える

齊藤三希子 著

近年、広告界を中心に注目されている「パーパス」。これまで海外事例で紹介されることが多かったパーパスを、著者はその経験と知見からあらゆる日本企業が取り組めるように本書をまとめた。「パーパス・ブランディング」の入門書となる1冊。

定価1980円（税込）　ISBN 978-4-88335-520-4

メディアを動かす広報術

松林薫 著

記者と広報担当者との関係性が変化の兆しを見せる昨今。元・日経新聞記者である著者が、プレスリリースの作り方から取材対応、リスク対応など広報全般にわたり、記者とのコミュニケーションの築き方、関係のつくり方からこれからの広報の在り方までを指南する。

定価1980円（税込）　ISBN 978-4-88335-523-5

話題を生み出す「しくみ」のつくり方:
情報拡散構造から読み解く
ヒットのルール

西山守 著、濱窪大洋 協力

あの映画も、あの商品も、あの広告・キャンペーンも…世の中で話題になったものを徹底検証して導き出した「話題化のしくみ」。誰もが知っている豊富な事例で検証・解説。アイデアをデータから読み解き、データからアイデアを生み出すすぐに実践できる企画術。

定価1980円（税込）　ISBN 978-4-88335-508-2

詳しい内容についてはホームページをご覧ください　www.sendenkaigi.com